ALERGIAS

GUIA DE SAÚDE

ALERGIAS

DR. JEAN-LOUIS BRUNET

TRADUÇÃO **Adriana de Oliveira**
CONSULTORIA **Prof. Dr. Jorge Kalil**

LAROUSSE

Título do original em francês: Allergies
Copyright © 2005 by Larousse
Copyright © 2006 by Larousse do Brasil
Todos os direitos reservados.

EDIÇÃO BRASILEIRA
Direção editorial **Soraia Luana Reis**
Editor assistente **Isney Savoy**
Tradução **Adriana de Oliveira**
Coordenação e edição **Valentina Nunes**
Consultoria técnica Prof. Dr. **Jorge Kalil**
Revisão **Agnaldo Alves de Oliveira** e **Caio Nehring**
Projeto gráfico e diagramação **Terra Design Gráfico**
Capa **Sguerra Design**
Gerente de produção **Fernando Borsetti**
Foto de capa © 2006 Jupiterimages Corporation

EDIÇÃO ORIGINAL
Direção geral Carola Strang
Direção editorial Carole Bat

Dados Internacionais de Catalogação na Publicação (CIP)
(Câmara Brasileira do Livro, SP, Brasil)

Brunet, Jean-Louis
  Alergias / Jean-Louis Brunet ; [tradução Adriana de Oliveira]. -- 1. ed. -- São Paulo : Larousse do Brasil, 2006.

  Título original : Allergies
  ISBN-10 85-7635-135-8
  ISBN-13 978-85-7635-135-1

  1. Alergia - Diagnósticos 2. Alergia - Tratamento 3. Medicina preventiva I. Título.

06-2191
CDD-616.97
NLM WD-300

Índices para catálogo sistemático:
1. Alergias : Prevenção, diagnóstico e tratamento : Medicina   616.97

1ª edição brasileira: 2006
1ª reimpressão: 2007
Direitos de edição em língua portuguesa, para o Brasil, adquiridos por
Larousse do Brasil Participações Ltda. Av. Profª Ida Kolb, 551, 3º andar - São Paulo/SP
CEP 02518-000 - Telefone (11) 3855-2290 / Fax (11) 3855-2280
E-mail: info@larousse.com.br / Site: www.larousse.com.br

NOTA EDITORIAL: *Esta obra foi preparada e redigida com todo o apuro e cuidado. Em razão da amplitude dos temas abordados, pode conter alguma falha. Os editores não são responsáveis pelas conseqüências de qualquer interpretação inadequada do texto. Deve-se lembrar, sempre, que os livros constituem importantes fontes de referência, mas nenhum texto escrito pode substituir a consulta a um médico. Evite a automedicação.*

apresentação

A transmissão do conhecimento médico para o público não é tarefa fácil. O dr. Jean Louis Brunet, autor de *Alergias*, no entanto, consegue passar esse conhecimento com raro sucesso.

Há uma explosão na prevalência de doenças alérgicas no mundo, com impacto bastante negativo na qualidade de vida dos pacientes e suas famílias, trazendo prejuízos sociais e econômicos para toda a sociedade. Acredita-se que as mudanças dos hábitos de vida e o aumento de poluição ambiental sejam os grandes responsáveis pelo crescimento das alergias. De fato, a maior permanência das pessoas em ambientes fechados e o grande número de novos medicamentos e alimentos lançados anualmente pela indústria aumentaram a exposição aos agentes causadores de alergias.

No Brasil, devido às características climáticas e populacionais próprias, algumas alergias apresentam particularidades discutidas neste livro. Estima-se que as doenças alérgicas acometam aproximadamente 25% da população brasileira.

A educação do paciente alérgico é a principal arma para o melhor controle dos quadros: quanto mais informado sobre sua doença, maior a sua adesão às recomendações médicas e, portanto, melhor sua resposta ao tratamento. Daí a importância de um livro como este, em que o autor aborda as diferentes manifestações clínicas da alergia, descrevendo fatores causadores e desencadeantes de crises alérgicas, noções de fisiopatologia e estratégias de tratamento.

O conhecimento apresentado aqui serve de fonte de consulta e colabora na difusão de informações sobre as doenças alérgicas para a população, o que diminui o impacto negativo que causam na qualidade de vida.

Prof. Dr. Jorge Kalil
Diretor do Laboratório de Imunologia do InCor e professor de Imunologia Clínica e Alergia, na Faculdade de Medicina da USP. Coordena o Instituto de Investigação em Imunologia, do Instituto do Milênio (CNPq/MCT).

compreender

❶ O QUE É ALERGIA 9
   Em que consiste a alergia 10
   Reações alérgicas 14

❷ ALÉRGENOS 19
   Ácaros 20
   Pólens 23
   Animais 25
   Insetos 28
   Alimentos 30
   Cosméticos, produtos de limpeza e látex 36
   Medicamentos 39
   Em casa e no trabalho 42

❸ FATORES QUE FAVORECEM A ALERGIA 45
   Fatores individuais 46
   Fatores ambientais 50

agir

- ❹ RECONHECER OS SINTOMAS DA ALERGIA 53
  - Sintomas respiratórios 54
  - Sintomas dermatológicos 58
  - Outras manifestações 66

- ❺ DIAGNÓSTICO 70
  - Exame clínico e testes 71
  - Avaliar a importância dos sintomas 76

- ❻ TRATAMENTOS 78
  - Medidas de controle ambiental 79
  - Aliviar os sintomas 83
  - Tratamentos de base 89
  - Qualidade de vida 100
  - Acompanhamento médico 106
  - Cuidados complementares 109

- ● DÚVIDAS MAIS FREQÜENTES 112
- ● VERDADES E MENTIRAS SOBRE AS ALERGIAS 113
- ● GLOSSÁRIO 115
- ● ÍNDICE 118

compreender

1. O que é alergia
2. Alérgenos
3. Fatores que favorecem a alergia

1

O que é alergia

- Em que consiste a alergia
- Reações alérgicas

compreender

Em que consiste a alergia

A alergia pode ser definida como uma reação excessiva do organismo a uma substância que lhe é estranha. Essa substância pode ser de origem vegetal, animal ou química. Trata-se de um fenômeno complexo que se manifesta de diversas formas: irritação respiratória, espirros repetitivos, coceiras etc.

ALERGIA: UM PROBLEMA DE SAÚDE PÚBLICA

Fenômeno da urbanização, a alergia não pára de crescer. Estima-se que uma em cada quatro pessoas sofrerá de algum tipo de alergia em algum momento da vida.

As causas ainda não foram claramente definidas, mas a vida moderna e as modificações do meio ambiente provavelmente contribuem bastante para o aparecimento e desenvolvimento das alergias.

Há, porém, questões ainda não explicadas. Se alguns indivíduos nascem predispostos a ter alergias, isso significa que o ambiente não explica tudo e ninguém parece estar livre delas.

Já o fato de reações anormais surgirem diante de substâncias novas produzidas pelas indústrias é até compreensível. Mas por que reações de intolerância vêm aumentando mais e mais em relação a substâncias naturais conhecidas pelo homem há séculos? Por que produzir anticorpos contra pêlos de gatos, pólens de árvores ou plantas comuns, contra a poeira doméstica ou a clara do ovo?

Em alergologia, nada é simples. Cada um reage de um modo diferente e nem sempre é possível esclarecer as manifestações desviantes.

SISTEMA IMUNOLÓGICO

Em geral, as pessoas convivem bem com o que as rodeia, sejam bactérias e vírus, sejam partículas inertes como poeira doméstica ou pólens. Essa proteção permanente do organismo é assegurada pela imunidade.

O sistema imunológico é composto por um verdadeiro exército de células e anticorpos que circulam no sangue e nos tecidos. Tudo o que entra em contato com ele – microorganismos ou partículas de toda a espécie – é localizado, avaliado, armazenado na memória, tratado, utilizado ou eliminado. Sem isso, não seria possível viver por muito tempo.

Elaboração de defesas

O sistema imunológico tem excelente "memória". Quando encontra uma substância nova, ele a analisa e "memoriza-a", o que da primeira vez leva algum tempo. É por isso que vários vírus, fungos e bactérias só aos poucos deixam as pessoas doentes.

Se um novo contato ocorre, o sistema imunológico "lembra-se" desses microorganismos, reagindo rapidamente para combatê-los com as defesas elaboradas no primeiro contato. Os agentes patogênicos não podem, assim, adoecer novamente as pessoas.

É dessa maneira que todo um mecanismo de proteção permite aos seres humanos viver em harmonia com o ambiente.

DISFUNÇÕES

O sistema imunológico trabalha de modo organizado. Seus anticorpos e células são fabricados de acordo com as necessidades, segundo regulação e controle específicos. Porém, como em toda função do organismo, o sistema imunológico pode se desregular:
- ser insuficiente: em caso de doenças recorrentes e permanentes (infecções repetidas, principalmente);
- ser reativo demais: como no caso das alergias. O organismo fabrica muitos anticorpos ou as células reagem de modo exagerado a determinadas substâncias estranhas. Ao contrário do que se pode imaginar, esse excesso de zelo é prejudicial.

Para que tudo funcione bem, é preciso que haja equilíbrio entre o meio interior e o exterior, embora diferentes mecanismos possam quebrar essa harmonia e gerar alergias.

QUEM SOFRE DE ALERGIAS

Diferentes fatores podem explicar o desenvolvimento do fenômeno alérgico. Por um lado, estão as modificações do ambiente: hábitat urbano, poluição atmosférica etc. Por outro, o estilo de vida: diversificação alimentar precoce demais no bebê, tabagismo, ambientes muito abafados.

Mas por que uma doença atinge mais algumas pessoas do que outras? É difícil de responder com precisão; certo, porém, é que vários fatores genéticos e ambientais estão envolvidos nesse processo.

1 O que é alergia

A exposição de pessoas predispostas a alérgenos é naturalmente uma condição propícia ao surgimento de alergias.

Vários fatores permanecem desconhecidos na explicação da doença, mas a concentração de alérgenos em determinado meio – densidade de pólen na proximidade de uma plantação ou grande quantidade de dejetos de ácaros em um apartamento acarpetado, por exemplo – deve ser considerada, embora duas pessoas expostas aos mesmos alérgenos possam reagir de modo diverso.

COMO A ALERGIA EVOLUI

A alergia corresponde a um desequilíbrio diante do ambiente. Sua evolução geralmente é crônica, com episódios de crise e manifestações bem variadas.

De acordo com as condições individuais, a situação pode evoluir para uma melhora espontânea ou, ao contrário, agravar-se. Podem ocorrer complicações. A asma, por exemplo, pode progressivamente se fazer acompanhar por uma insuficiência respiratória, principalmente se as infecções broncopulmonares se somarem à alergia.

Interações com outras doenças geram agravantes preocupantes, como quando uma doença cardíaca se soma às dificuldades respiratórias, devido à alergia. Alergias podem ter conseqüências graves para a vida pessoal e profissional, por isso precisam ser tratadas.

Reações alérgicas

Para compreender os diferentes mecanismos da reação alérgica, foi estabelecida uma classificação em quatro tipos. As mais comuns são as alergias do tipo 1 e 4.

Esses quatro tipos de reação de hipersensibilidade podem estar mais ou menos envolvidos entre si: os mecanismos do tipo imediato, ou tardio estão, nesse caso, associados, fazendo intervir diferentes tipos de anticorpos e células.

ALERGIA DO TIPO 1

A reação alérgica do tipo 1 corresponde à hipersensibilidade do tipo imediato. Ela ocorre no caso de rinite ou alergia a ácaros, por exemplo. Os sintomas se manifestam logo após o contato com o alérgeno.

Essa forma de hipersensibilidade, muito freqüente, é também chamada de anafilaxia ou alergia dependente de IgE.

Imunoglobulinas E (IgE) A anafilaxia ocorre devido à produção excessiva de anticorpos específicos chamados imunoglobulinas E (IgE). Essas imunoglobulinas estão fixadas na superfície de algumas células, basófilos e mastócitos, que circulam no sangue e podem estar presentes nos tecidos, especialmente na mucosa respiratória e ocular.

Quando um antígeno (substância estranha ao organismo) alcança a mucosa, ele se fixa sobre o IgE correspondente, provocando a liberação de substâncias contidas no interior da célula, principalmente a histamina, no caso de uma pessoa alérgica.

A histamina provoca a dilatação dos vasos capilares, causando vermelhidão, congestão (acúmulo de sangue) e hipersecreção das mucosas. Isso explica as manifestações características desse tipo de alergia: conjuntivite, lacrimejamento e coriza.

A histamina não é a única substância que causa essas manifestações. Existem outras que agem de modo semelhante e dão origem a diferentes quadros como rinite, asma, urticária e eczema.

Mecanismos da alergia

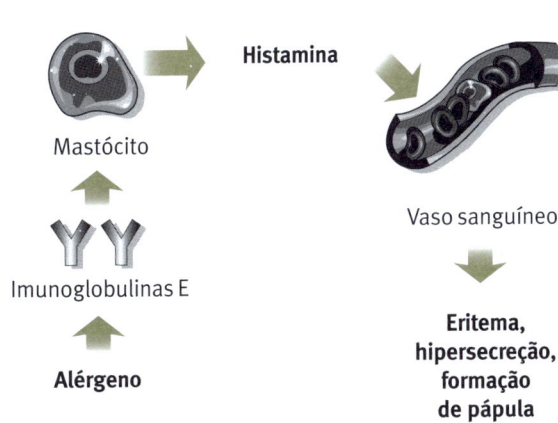

Histamina

Mastócito

Imunoglobulinas E

Alérgeno

Vaso sanguíneo

Eritema, hipersecreção, formação de pápula

ALERGIA DO TIPO 4

Ao contrário das reações imediatas do tipo 1, existem reações tardias, que se produzem algumas horas ou mesmo dias depois do contato com o alérgeno. Nas alergias do tipo 4 ou de hipersensibilidade tardia, são os glóbulos brancos (os linfócitos) que atuam.

Linfócitos

Em colaboração com outras células, os linfócitos ajudam a eliminar diferentes substâncias estranhas ao organismo. Eles também intervêm no equilíbrio estabelecido com os micróbios e fungos que vivem em contato com as pessoas, sobre pele e mucosas, no nariz ou no tubo digestivo. É graças aos linfócitos que os micróbios permanecem inofensivos.

Mas os linfócitos podem se tornar ativos demais. Isso acontece quando passam a liberar uma quantidade excessiva de substâncias chamadas citocinas que, como as histaminas, causam manifestações desagradáveis como fadiga e dor.

ALERGIAS DO TIPO 2 E 3

Essas outras formas de alergias são mais complexas e menos freqüentes.

Alergia do tipo 2

É a alergia que afeta células e anticorpos. Ela se manifesta por mecanismos como as alterações das células sanguíneas, provocadas pela ingestão de certos medicamentos (intolerâncias medicamentosas).

Alergia do tipo 3

Envolve proteínas estranhas como penas e dejetos de aves, originando reações inflamatórias graves. Essas reações são observadas em pessoas que vivem em contato freqüente com esses animais.

MANIFESTAÇÕES ALÉRGICAS

A maneira como as alergias se manifestam é muito variável. Existem:
• alergias respiratórias, que se manifestam sob a forma de rinite, conjuntivite, traqueíte ou asma;
• alergias cutâneas, como dermatite atópica, urticária ou edemas;
• alergias digestivas, que às vezes se expressam por dores locais, porém, com mais freqüência, por afecções à distância, em nível respiratório (rinite e asma) ou cutâneo (urticária e edema) ou, ainda, de modo generalizado, sob a forma de fadiga prolongada.

Na realidade, é comum que as alergias se manifestem em vários níveis (respiratório, cutâneo ou digestivo), com um sintoma principal associado a manifestações secundárias. Assim, um asmático pode apresentar eczema moderado e um paciente com eczema apresentar nariz tapado, distúrbios leves de digestão e/ou falta de tônus.

Não há uniformidade nas alergias, pois tanto os mecanismos quanto as manifestações variam de uma pessoa para outra. Cada pessoa expressa os distúrbios de uma maneira: em cinco casos de alergias a ácaros, por exemplo, uma pessoa pode apresentar coriza; uma segunda, coceira; a terceira, crises de asma durante a noite; a quarta, todas as manifestações ao mesmo tempo e, a quinta, nenhum sintoma.

O QUE CAUSA ALERGIA

A resposta inicial é simples: potencialmente, tudo ao redor das pessoas e que for estranho ao seu sistema imunológico. Felizmente, a maioria dos elementos do meio ambiente não provoca reações alérgicas. Na prática, existem alérgenos bem conhecidos (ver págs. 19-44).

2

Alérgenos

- Ácaros
- Pólens
- Animais
- Insetos
- Alimentos
- Cosméticos, produtos de limpeza e látex
- Medicamentos
- Em casa e no trabalho

compreender

Ácaros

O QUE SÃO ÁCAROS

Esses famosos e minúsculos habitantes de todas as casas são o pesadelo das pessoas alérgicas. Os ácaros são hóspedes naturais do meio ambiente, fazem parte da família dos aracnídeos, como aranhas e escorpiões.

Dotados de quatro pares de patas, são desprovidos de antenas e mandíbulas, portanto, não mordem. Invisíveis a olho nu – seu tamanho não ultrapassa 0,3 mm –, vivem em média três meses. Há várias espécies de ácaros que se distinguem pelo hábitat e hábitos alimentares.

Esses pequenos artrópodes se alimentam de escamas humanas (restos de pele) e também de restos de alimentos e mofo.

A presença deles não é sinal de falta de higiene. Ao contrário, eles também ajudam a limpar o ambiente se alimentando das partículas microscópicas de pele que perdemos. Os ácaros também não transmitem doenças.

Os mais conhecidos são *Dermatophagoides pteronyssinus* ou *farinae*, *Euroglyphus maynei* ou ainda *Tyrophagus putrescentiae*. No Brasil, encontra-se ainda a *Blomia tropicalis,* que junto com o *Dermatophagoides* é responsável por 80% da sensibilização entre as pessoas alérgicas.

O QUE SÃO ALERGÊNICOS

Dejetos deixados pelos ácaros no ar provocam mais reações do que os microorganismos em si. Mais de uma dezena de substâncias alergênicas foram identificadas nesses dejetos.

É possível avaliar de maneira indireta a quantidade de alérgenos de ácaros existentes em um determinado ambiente dosando um marcador presente em seus dejetos.

LUGARES PREFERIDOS

A cama (colchões, travesseiros, cobertores, colchas, almofadas etc.) é o hábitat preferido dos ácaros. Mas eles também são encontrados em tapetes, sofás revestidos com tecidos aveludados, cortinas espessas etc.

Para se desenvolver, os ácaros precisam de calor e umidade, por isso são encontrados mais facilmente em casas antigas. Eles adoram fazer seus ninhos na poeira. Estima-se que um grama de poeira doméstica contenha de 300 a 3 mil ácaros, se o meio for favorável. Cerca de 2 mil deles podem viver permanentemente na roupa de cama.

Por outro lado, os ácaros detestam luminosidade, ar frio e seco, assim como altitude: eles são raros em locais acima de 1.500 metros de altitude e têm sua reprodução prejudicada em temperaturas inferiores a 20ºC.

MOFO

Mofo é uma designação genérica para vários fungos filamentosos microscópicos, capazes de se adaptar a ambientes bem variados. Eles se reproduzem liberando esporos no ar, os quais provocam rinites ou asma em pessoas alérgicas. Também podem ser responsáveis por infecções e manifestações tóxicas. Entre os mais conhecidos estão *Alternaria*, *Cladosporium*, *Penicillium* e *Aspergillus*.

Lugares preferidos
O mofo pode se desenvolver de modo intenso se as condições ambientais forem favoráveis. Os fungos adoram lugares úmidos e temperados, como banheiros e a terra das plantas. O fungo acinzentado ou esverdeado é o mais visível a olho nu.

Disseminação
A disseminação dos fungos é favorecida pela corrente de ar. Geralmente eles estão presentes nos sistemas de climatização ou ventilação, que sempre devem ser limpos para evitar sua proliferação.
Na atmosfera, eles podem ser espalhados por longas distâncias, como os pólens. O pico de concentração dos fungos é o verão.

Pólens

O QUE SÃO PÓLENS

Pólens são grãos microscópicos produzidos pelos estames (órgãos masculinos) das flores. Eles estão presentes sobretudo na primavera, quando representam um risco potencial. Felizmente, nem todos os pólens são alergênicos. Apenas aqueles carregados pelo vento (pólens anemófilos) podem provocar alergias.

Eles diferem de acordo com a origem e são reconhecíveis ao microscópio. Uma grande parte dos pólens é bloqueada pela mucosa nasal. Durante atividade intensa, uma pessoa alérgica pode respirar mais pólens, pois o déficit respiratório aumenta com o esforço.

Os incômodos alérgicos dependem em grande parte do clima. A chuva alivia a atmosfera dos pólens em suspensão, enquanto um clima seco e ensolarado, com rajadas de vento, aumenta os riscos. Os alérgicos sabem disso e podem se proteger de acordo com a previsão do tempo, fechando janelas e ingerindo medicamentos preventivos, por exemplo.

Pólens transportados por insetos (pólens entomófilos), especialmente pelas abelhas, não apresentam nenhum problema, pois não são aspirados pelas pessoas.

CALENDÁRIO POLÍNICO

As alergias aos pólens são sazonais, mais comuns nas regiões de clima temperado, onde as estações do ano são bem definidas, como acontece em países do hemisfério norte.

No Brasil, a alergia aos pólens não é freqüente, sendo mais comumente descrita nos Estados da Região Sul.

A contagem de pólens na cidade de Curitiba, no Paraná, delineou duas estações polímicas na região: das *cupressaceae*, em julho e agosto, e das gramíneas, de outubro a abril. Constatou-se que as *cupressaceae* não causavam alergias.

O *Lolium multiflorum*, conhecido vulgarmente como azevém, é a principal gramínea causadora de alergia nesta região, onde a sensibilização ocorre mais frequentemente entre os adultos.

Animais

Antes criados no quintal, cada vez mais os animais de estimação passam a morar dentro de casa. Gatos, cães e também pequenos mamíferos, como hamsters, pássaros e insetos (ver págs. 28-29), podem ser alergênicos.

GATOS

Nem todos os gatos são alergênicos do mesmo modo e com a mesma intensidade – os de pelagem escura causam mais alergias do que os de pêlo claro. As principais fontes de alérgeno do gato são as glândulas sebáceas e anais, e a saliva.

Os gatos liberam partículas sobre camas, sofás e tapetes. Essas partículas são espalhadas pelas correntes de ar ou pelas roupas. Isso explica por que também podem ser encontradas em casas onde nunca um gato morou, pois basta que uma pessoa que tenha um visite o local.

Alergia a pêlo de gato pode ocorrer anos depois do primeiro contato com o alérgeno. E o simples afastamento do animal não é suficiente para acabar com os problemas, já que os alérgenos permanecem por muito tempo depois da sua partida, mesmo se a limpeza do local for bem feita.

CÃES

São menos alergênicos do que os gatos, mas também apresentam riscos. Os cães de pêlo curto podem causar tanta alergia quanto os de pêlo longo. Os alérgenos estão presentes nas escamas da pele, saliva e urina que o cão espalha por onde passa.

PÁSSAROS

Penas e dejetos de pássaros podem causar alergias. As penas podem guardar grande quantidade de alérgenos contidos na poeira. Por isso, uma alergia aparentemente causada por penas pode não estar relacionada diretamente com o pássaro.

A doença dos criadores de pássaros é uma afecção pulmonar de origem alérgica, causada pela inalação de proteínas contidas em dejetos de pombos, galinhas, gansos e outras aves. A sensibilidade aos dejetos das aves pode ser acompanhada por alergia alimentar a ovos, devido a reações cruzadas (ver pág. 35).

OUTROS ANIMAIS

Embora os peixes de aquário em si não causem alergias, a ração deles pode provocar reações, especialmente as dáfnias, comumente chamadas de pulgas-d'água, e pequenos crustáceos de água doce.

Ratos e camundongos, hóspedes indesejados nas casas, assim como pequenos animais de estimação – hamsters, coelhos ou cobaias –, enchem a atmosfera com partículas alergênicas.

NO TRABALHO

Algumas profissões exigem contato ou coabitação com animais. Descamação da pele dos cavalos pode causar alergias graves. Animais de laboratório, como ratos e outras cobaias, também podem ser alergênicos. Por isso, limpeza e ventilação do local são essenciais para reduzir a ocorrência desse tipo de alergia. Por ironia do destino, existem veterinários alérgicos a cães e gatos, assim como criadores alérgicos a bois.

Insetos

HIMENÓPTEROS (VESPAS, ABELHAS E MARIMBONDOS)

Os acidentes relacionados a ferroadas de vespas, abelhas e marimbondos são conhecidas desde a Antiguidade, mas apenas em 1914 foi descoberta a relação de causa e efeito entre a ferroada de um himenóptero e a ocorrência de choque anafilático (distúrbio cardiocirculatório). As reações alérgicas às ferroadas desses insetos podem realmente ser muito graves.

É preciso não confundir alergia com reação tóxica (envenenamento). Apenas uma ferroada pode provocar choque anafilático grave em uma pessoa alérgica, enquanto para que ocorra envenenamento – que também atinge indivíduos não-alérgicos – é preciso sofrer grande quantidade de ferroadas.

Na alergia ao veneno dos himenópteros, os sintomas estão relacionados à hipersensibilidade específica em relação a cada espécie. Uma pessoa pode ser alérgica a vespas mas não a abelhas, ou, o contrário, mas também pode ser alérgica a vários venenos.

Identificar o inseto em questão é complicado, pois nem sempre é fácil distinguir vespas de abelhas, ainda mais porque existem diferentes espécies de vespas. Somente no Brasil são descritas mais de 450 espécies de vespa. Essa grande diversidade muitas vezes dificulta o diagnóstico e tratamento dos pacientes, pois essas espécies são diferentes daquelas encontradas no hemisfério norte.

Por aqui, é importante considerar e dar importância também às formigas do gênero *Solenopsis*, conhecidas como formigas-de-fogo ou lava-pés.

Graus de gravidade

Alergia a ferroada de himenópteros pode provocar vários sintomas, de diferentes níveis de gravidade.

Em geral, os acidentes se tornam cada vez mais sérios com a repetição das ferroadas. Mas isso não é a única regra: uma reação leve pode se tornar uma reação gravíssima, ou o contrário.

A gravidade da reação parece estar relacionada ao grau de sensibilidade do indivíduo, mas também à idade, a doenças crônicas persistentes, proximidade ou não de um vaso sanguíneo e quantidade de veneno injetado na ferroada.

OUTROS INSETOS

Baratas se tornam hóspedes muito freqüentes de apartamentos e casas, sobretudo em lugares insalubres. Ela é alergênica devido a seu corpo e dejetos, e também porque se alimenta de sobras de alimentos, o que explica sua predileção por armários de cozinha. As baratas são muito resistentes aos inseticidas, difíceis de serem exterminadas. Estão cada vez mais envolvidas nas alergias respiratórias infantis, e, em casos de asma, podem ser ainda mais graves.

Mosquitos e moscas raramente causam manifestações alérgicas. A saliva dos mosquitos contém várias proteínas que podem provocar reação local, raramente reação alérgica geral. Já os percevejos podem provocar reações anafiláticas.

Alimentos

A incidência de alergias alimentares (ou digestivas) tem aumentado bastante. O diagnóstico muitas vezes é difícil e as conseqüências são graves, principalmente para crianças na escola. É essencial distinguir a intolerância alimentar (falsa alergia) de alergia alimentar.

INTOLERÂNCIAS E FALSAS ALERGIAS ALIMENTARES

- Intolerâncias alimentares são doenças relacionadas a predisposição individual. Um déficit genético em enzimas específicas provoca a incapacidade da pessoa em digerir alimentos. É o que acontece comumente no caso de intolerância ao glúten, uma proteína dos cereais, ou no caso de intolerância à lactose presente no leite de vaca.
- Falsas alergias provocam reações idênticas às das alergias, mas a liberação de histamina (ver págs. 14-15) responsável por esses sintomas não é provocada por um mecanismo alérgico: é o próprio alimento que contém substâncias que liberam histamina.

Nesse caso, a reação alérgica pode decorrer da ingestão de uma quantidade ínfima de alérgeno, os sintomas das falsas alergias (diarréia, crise de urticária, vermelhidão, coceira) são proporcionais à quantidade ingerida.

Os alimentos que mais causam falsas alergias são:
• alimentos liberadores de histamina, que agem ao contato com a mucosa intestinal (morango, tomate, clara de ovo, carne de porco, chocolate, crustáceos, peixe e algumas frutas);
• alimentos naturalmente ricos em histaminas, ou seja, alimentos fermentados como queijos, peixes (atum, sardinha, anchova, salmão e peixes enlatados), embutidos, alguns vegetais como tomate e pepino. Nesse caso, a histamina é liberada durante a digestão;
• alimentos ricos em tiramina (molécula que libera histaminas), como queijos;
• alimentos ricos em feniletilamina, precursora da tiramina (chocolate e queijos, por exemplo);
• féculas, pois o excesso de consumo de amido e celulose provoca a proliferação da flora de fermentação, fonte complementar de síntese de histamina.

Intolerância ao glúten

Glúten é uma proteína presente em alguns cereais como trigo, aveia, centeio e cevada. Em alguns indivíduos, ele provoca distúrbios agrupados sob o nome de doença celíaca. Essa intolerância começa na infância. A diarréia é o sintoma principal. A situação piora rapidamente com o emagrecimento e o retardamento do crescimento. A criança fica triste, apática ou irritada.

Às vezes, a doença é diagnosticada tardiamente, apenas na idade adulta. Ela também pode ser revelada por uma diarréia ou outros sintomas não-digestivos, como anemia.

VERDADEIRAS ALERGIAS ALIMENTARES

Distinguem-se os alérgenos de origem animal, como leite, peixes, crustáceos ou carnes, dos alérgenos de origem vegetal, como frutas e legumes. Todos os alimentos podem causar alergias, mas alguns são mais suscetíveis.

Amendoim O amendoim é muito utilizado pela indústria alimentícia. Agradável ao paladar, é encontrado em pequenas quantidades em vários produtos industrializados, como cereais matinais e barras energéticas. O amendoim ou seus extratos (óleos e proteínas) são potencialmente perigosos para pessoas alérgicas, pois os sintomas muitas vezes são graves. A asma é mais freqüente como reação ao amendoim do que como decorrência de outras alergias alimentares. Óleos de amendoim não provocam as mesmas reações, pois, após o refinamento, não contêm mais as proteínas que causam alergia.

Leite A alergia ou intolerância a proteínas do leite de vaca é conhecida há muito tempo, por sua incidência nos lactentes. Em 85% dos casos, as crianças deixam de ser alérgicas antes dos três anos de idade. No entanto, a intolerância à lactose tende a piorar com a idade, quando o consumo de leite é reduzido, pois o intestino não fabrica as enzimas necessárias para a transformação da lactose em glucose.

O leite é a principal fonte de alergia alimentar em crianças com menos de seis meses. Na maioria dos casos, a reação alérgica ocorre durante o primeiro mês de aleitamento artificial. São as proteínas do leite (caseína, alfalactalbumina, betalactoglobulina) que causam alergia. Os sintomas podem ser digestivos (vômitos, dores, diarréia, constipação) ou outros (urticária, eczema, tosse seca ou asma). Podem causar perda de apetite e distúrbios de crescimento.

Ovos Causam sintomas graves que podem ser desencadeados por ingestões mínimas. O alérgeno é quase sempre a albumina da clara de ovo e, mais raramente, algumas proteínas da gema. Estima-se que um quarto das crianças alérgicas permanecerão alérgicas pelo resto da vida. Pessoas alérgicas devem ficar atentas, pois vários alimentos industrializados e mesmo vacinas podem conter quantidades mínimas de ovos.

Temperos Pimenta, páprica, *curry* ou gengibre podem causar alergias. Os sintomas geralmente se limitam aos lábios e boca (coceiras e inchaço).

Chocolate Alergia ao chocolate é rara, embora esse seja um alimento complexo, ao qual podem ser adicionados ingredientes alergênicos, como avelãs, leite ou gorduras vegetais, além da manteiga de cacau.

Frutas e legumes Várias frutas e legumes podem causar alergias. Aipo e outras umbelíferas, como cenoura e erva-doce, são alérgenos clássicos, mas existem outros como tomate, berinjela, pimentão, alho, cebola, alho-poró, aspargo, rabanete, soja, alcachofra e até batatas. Mostarda ou pepino também podem ser alergênicos. O mesmo ocorre com as frutas, sobretudo maçã, mas também pêra, banana, abacaxi, abacate, e frutas cítricas, como laranja, tangerina, limão e kiwi.

Frutas e legumes acrescentados aos alimentos e bebidas também podem causar os mesmos efeitos.

ADITIVOS ALIMENTARES

Conservantes Praticamente todos os alimentos industrializados possuem conservantes. Sulfitos e benzoatos, para citar dois, podem estar na origem das reações anafiláticas (ver págs. 66-67).

- Sulfitos são utilizados nos vinhos, especialmente nos vinhos brancos, e em condimentos como a mostarda. Também são empregados na conservação de peixes e frutos do mar.
- Benzoatos estão presentes tanto na alimentação quanto em vários medicamentos e cosméticos. Eles são fáceis de perceber, pois costumam ser indicados nas fórmulas de produtos farmacêuticos e cosméticos. Encontram-se benzoatos naturais em mirtilos, framboesas e amoras, utilizados como conservantes pela indústria alimentícia.
- Nitritos, muito empregados nos embutidos e laticínios, são antioxidantes bacterianos. Podem provocar diversos problemas (urticária, dor de cabeça e distúrbios digestivos), mas dificilmente causam alergia verdadeira.

Corantes Atraentes balas e bombons vermelhos, verdes, amarelos, rosas e azuis são ricos em corantes. A indústria farmacêutica faz largo uso deles.

Os corantes sintéticos são mais perigosos do que os corantes naturais de origem vegetal. Eles estão presentes em várias bebidas (xaropes de frutas, aperitivos, licores etc.), em produtos confeitados, iogurtes, sopas prontas e nos embutidos.

Outros aditivos

- O glutamato, utilizado como realçador do sabor, especialmente na cozinha chinesa, pode causar sintomas diversos: vermelhidão nos olhos, dor de cabeça, urticária, sensação de mal-estar acompanhada por dificuldades respiratórias.
- Espessantes e gelificantes são alérgenos potenciais, assim como aromatizantes, edulcorantes sintéticos, emulsificantes e outros complexos de aditivos presentes na alimentação cotidiana.

Descobrir os aditivos nos alimentos nem sempre é fácil, pois podem não constar dos rótulos, especialmente em caso de alimentos artesanais.

REAÇÕES CRUZADAS

Em relação à alergia alimentar, as reações ditas cruzadas são variadas e se explicam pelas semelhanças entre alguns alérgenos. Associações entre alérgenos são freqüentes, tanto entre alimentos quanto entre pólens. É por isso que uma pessoa alérgica ao pólen de bétula pode não tolerar maçãs. Alérgicos ao látex podem ter reações com frutas como cereja, morango, uva, ou castanhas. Entre as alergias cruzadas mais clássicas podemos citar: ovo-ave, ácaros-escargots, carne de porco-gato, gramíneas-tomate, ambrosia-melão-banana, aranhas-leguminosas (lentilha, ervilha, soja) ou frutas secas (nozes, avelã, amêndoas), bétula-umbelíferas (erva-doce, aipo).

Cosméticos, produtos de limpeza e látex

COSMÉTICOS

- Perfumes. São os alérgenos mais comuns entre os cosméticos. As mulheres são as mais atingidas. Geralmente responsável por reações de contato (eczema e urticária), os perfumes também podem causar manifestações respiratórias (rinite, tosse e asma). Esses sintomas costumam estar associados a sintomas gerais como fadiga e enxaqueca.

Esse tipo de alergia é difícil de controlar, pois até mesmo os produtos de limpeza são perfumados. Contudo, a indústria farmacêutica oferece vários produtos hipoalergênicos, sem perfumes nem conservantes.

- Bálsamo-do-peru. Concentra grande quantidade de substâncias e é encontrado em perfumes, sabonetes, loções, pastas de dentes, batons e também em produtos alimentícios (temperos) e farmacêuticos (bálsamos).

COMPOSIÇÕES DIFÍCEIS DE OBTER

Nem sempre é fácil saber a composição exata dos produtos que se compra. Se a indústria farmacêutica indica a composição dos medicamentos nos rótulos e bulas, o mesmo não acontece com os cosméticos, produtos de limpeza e artesanato. Esses fabricantes argumentam que revelar a composição de seus produtos equivale a revelar os segredos de fabricação aos concorrentes.

PRODUTOS DE LIMPEZA

As pessoas usam vários produtos para limpar a casa. Além das qualidades (facilidade de limpeza, odor agradável) desses produtos, eles espalham no ambiente várias substâncias desconhecidas, gerando irritações anormais. Perfumes, antissépticos ou conservantes utilizados para tornar os produtos mais agradáveis e eficazes são cada vez mais criticados por isso.

FORMALDEÍDO

Irritante ou alergênico, esse produto volátil é muito comum na vida cotidiana. É empregado na fabricação de desodorantes, xampus, esmaltes de unha e também em fungicidas, inseticidas, bactericidas e algumas vacinas e produtos dentários.

LÁTEX

O látex natural é produzido com a seiva da seringueira. Ele é indispensável, pois o látex obtido sinteticamente não possui as mesmas capacidades de resistência e elasticidade. Vários objetos contêm látex (luvas, bolsas de água quente, mamadeiras, toucas e óculos de natação, colchões pneumáticos, palmilhas ortopédicas, preservativos, curativos, seringas etc.), e várias profissões expõem os profissionais ao contato cotidiano com o látex: médicos e paramédicos, restauradores, faxineiros etc.

Um simples contato com o látex pode provocar uma reação alérgica grave.

Fatores alérgicos

O látex reúne cerca de 260 proteínas diferentes, das quais 60 são alergênicas. Antes de produzir o látex, as indústrias precisam eliminar essas proteínas através de longo processo, que nem sempre é respeitado.

A adição do pó (talco ou pó de amido) nas luvas e outros objetos em látex absorve parte das proteínas alergênicas, mas a poeira que se forma pode penetrar nas vias respiratórias e causar reação alérgica.

Precauções

É preciso avisar o dentista e o médico para utilizarem luvas sintéticas. Os alérgicos ao látex não devem ter fícus em casa, pois este arbusto também produz a substância.

LÁTEX: CUIDADO COM AS ALERGIAS CRUZADAS

Quando se é alérgico ao látex (ou ao fícus), é preciso desconfiar de alguns alimentos, sobretudo de frutas e legumes que podem causar reações cruzadas. A lista é longa e não pára de aumentar: abacate, kiwi, mamão, banana, abacaxi, castanhas e avelãs, amêndoas e amendoins, espinafre, tomate, aipo, melão, uvas...

Medicamentos

MOLÉCULAS ALERGÊNICAS

Medicamentos são responsáveis por reações muitas vezes graves. Se os princípios ativos ou seus metabólitos (substâncias de degradação do princípio ativo no organismo) podem causar alergias, com muita freqüência também os excipientes (substâncias nas quais os princípios ativos são incorporados) desencadeiam reações alérgicas.

Alguns excipientes são conhecidos por serem muito sensibilizantes (sulfitos e benzoatos, por exemplo), mas outros também podem ser prejudiciais, assim como os corantes (ver págs. 34-35).

Medicamentos, incluindo os mais comuns, como o ácido acetilsalicílico (aspirina), podem causar reações alérgicas, podendo se tratar tanto de alergia verdadeira (a qual ativa células e anticorpos) quanto de reações de intolerância, cujos mecanismos extremamente variados são difíceis ou impossíveis de explicar.

Devido ao risco alérgico, mas também por seus efeitos sobre o organismo, os medicamentos não devem ser consumidos sem motivo específico, mesmo quando parecem inofensivos, como é o caso do ácido acetilsalicílico.

ANTIBIÓTICOS

Penicilinas geralmente estão envolvidas em casos de alergia, embora outras famílias de antibióticos também possam desencadear reações alérgicas, como as sulfamidas, macrólidos e ciclinas.

- Sinais de alergia. Medicamentos podem provocar urticária, edema (edema de Quincke), crises de asma e até choque anafilático, com distúrbios circulatório e respiratório. Também podem danificar as células sanguíneas e ter conseqüências hepáticas ou renais.
- Problema complicado. As manifestações da alergia não devem ser confundidas com reações de intolerância, que provocam distúrbios digestivos. Com os antibióticos, o problema pode ser mais complicado, pois as reações de intolerância, cada vez mais freqüentes, coincidem com a evolução da resistência das bactérias. Um paciente pode ter uma infecção grave causada por uma bactéria multirresistente, contra a qual existem apenas alguns antibióticos eficazes, os quais, infelizmente, causam-lhe alergia. Diante dessa situação extrema, existem técnicas de dessensibilização (ver pág. 99), que permitem contornar a dificuldade na maioria dos casos. O indivíduo alérgico recebe o antibiótico, que lhe é indispensável em doses crescentes, até atingir a dose terapêutica útil.

ANESTÉSICOS

Todas as classes de anestésicos podem estar envolvidas com alergias, como os hipnóticos (que induzem ao sono), os anestésicos locais (xilocaína e derivados) ou gerais (ingeridos em período pós-operatório), os curares e relaxantes musculares, administrados para o paciente permanecer imóvel durante uma cirurgia.

Alguns curares são muito sensibilizantes e as reações podem ser observadas em pessoas que nunca fizeram uso deles. Isso pode ser explicado pelo fenômeno da reação cruzada, sendo a primeira sensibilização produzida pelo contato com substâncias do tipo amônio quaternário, encontradas em vários produtos de limpeza e cosméticos.

PRODUTOS DE CONTRASTE

Produtos de contraste iodados são empregados por radiologistas para deixar visíveis determinadas estruturas anatômicas ou lesões. São famosos por causar reações de intolerância muitas vezes graves.

Em casa e no trabalho

NO AMBIENTE DOMÉSTICO

São diversos os poluentes capazes de afetar a qualidade do ar no interior das casas. Eles podem ser de natureza química (solventes, por exemplo), biológica (mofo) ou partículas (deterioração de materiais compactados do tipo aglomerado ou cimento).

O ar das casas é então composto por misturas complexas, que podem provocar reações alérgicas em pessoas sensíveis de modo anormal, mesmo em concentrações baixas.

Vários poluentes químicos provêm de materiais de construção: madeiras tratadas, aglomeradas ou prensadas. Algumas resinas e colas podem soltar formaldeído (ver pág. 37) ao se decompor. Esse produto também está presente na composição da lã de vidro ou de rocha, assim como na maior parte das tintas. Resinas isolantes de uréia e formol também podem causar alergias, assim como o gás de combustão das caldeiras a óleo e a gás.

Incluindo os vários produtos de limpeza, conclui-se facilmente que as casas estão longe de ser um modelo de ambiente natural. E as aparências enganam: o interior bem arrumado, com cheiro de limpeza, a cozinha brilhante e lençóis branquíssimos podem não ser necessariamente benéficos para as pessoas alérgicas.

NO AMBIENTE PROFISSIONAL

Alergias nesse ambiente podem levar à inaptidão para exercer determinada profissão, provocando recolocação ou mesmo aposentadoria precoce.

● Profissões. Praticamente nenhuma profissão está a salvo. Padeiros e confeiteiros podem ser alérgicos à farinha; cabeleireiros estão em contato com vários produtos potencialmente alergênicos, como tinturas, laquês, xampus etc.; marceneiros podem ser alérgicos à serragem ou a alguns tipos exóticos de madeira; pintores, a isocianatos, vernizes e colas; e pedreiros, ao cimento. Profissionais da área de saúde manipulam diariamente medicamentos, antissépticos, produtos de limpeza e desinfecção, sem contar que usam luvas de látex.

● Diagnóstico. A alergia pode se manifestar através de eczema, urticária, rinite, conjuntivite ou asma.

Alergia de origem profissional é constatada quando os sintomas melhoram ao se interromper o trabalho, isto é, durante os finais de semana ou férias. Porém, nem sempre é fácil identificar o alérge-

SÍNDROME DE HIPERSENSIBILIDADE QUÍMICA MÚLTIPLA

Esse fenômeno, observado há alguns anos, apresenta sintomas idênticos ao da alergia.
A síndrome atinge vários órgãos e pode ocorrer devido à exposição a diferentes substâncias químicas em concentrações muito inferiores às que são capazes de causar efeitos na população.
Em geral, os sintomas se agravam progressivamente e podem provocar situações graves.

Vários diagnósticos de inaptidão definitiva ocorrem devido às alergias.

no responsável pela irritação. Às vezes é preciso fazer análises microscópicas, pois vários produtos podem estar envolvidos.

Com a colaboração de um médico do trabalho, o funcionário pode investigar a composição dos produtos que é obrigado a manipular para descobrir o agente da alergia. As indústrias e as empresas de limpeza devem possuir fichas de segurança mencionando a composição exata dos produtos utilizados e de seus efeitos tóxicos ou alergênicos.

METAIS

Alergias ao níquel, cromo e cobalto são as mais freqüentes. O níquel é um alérgeno comum entre as mulheres. Ele participa da composição de vários objetos metálicos: fivelas de cintos, botões de roupas, bijuterias banhadas em ouro, *piercings*, armações de óculos, acessórios, grampos etc. Também é encontrado em moedas, corantes de tinta, papel, cerâmica, vidro e nos cosméticos. Em caso de alergia comprovada ao níquel, é prudente pesquisar antes de comprar um acessório ou adquirir brincos ou *piercing*. O cromo está presente em cimentos e colorantes de tecidos. Também é empregado em vernizes, óleos e tintas industriais. O cobalto produz um corante azul utilizado pelas mesmas indústrias e nos mesmos produtos que o cromo. Esses alérgenos não causam problema, já que basta retirar o cinto, os brincos ou o *piercing* que causa a alergia.

Mas podem ser desastrosos no caso de implantes introduzidos no organismo (próteses, pinos e placas de cirurgia ortopédica), por isso, é essencial avisar o médico sobre eventual alergia antes de uma intervenção cirúrgica. Em caso de reação ou intolerância, o cirurgião pode ser obrigado a retirar o implante.

3

Fatores que favorecem a alergia

- Fatores individuais
- Fatores ambientais

Fatores individuais

PREDISPOSIÇÃO FAMILIAR

Muitas pessoas alérgicas herdaram dos familiares a predisposição para reagir de modo exagerado a determinadas circunstâncias.

O estado alérgico, chamado atopia, pode ser definido como uma predisposição genética de produzir anticorpos ou células que causam reações alérgicas quando em contato com substâncias do ambiente. A existência dessa predisposição, porém, não é suficiente para desencadear o aparecimento de alergias.

Crianças que nascem em uma família de atópicos (pessoas que possuem patrimônio genético predisponente à alergia), certamente têm maior probabilidade de se tornarem alérgicas. Mas é possível ter predisposição e nunca desenvolver alergias durante a vida. Sempre existem mais pessoas atópicas do que alérgicas.

Por outro lado, pessoas que pertencem a famílias sem nenhum antecedente de alergia não estão a salvo. Todo mundo pode se tornar alérgico um dia.

Estudos mostram que o risco de um bebê se tornar alérgico é de:
- 5% a 15%, se nenhum dos pais for alérgico;
- 20% a 40%, se um dos pais for alérgico, especialmente a mãe;

- 40% a 60%, se os pais forem alérgicos;
- 60% a 80%, se ambos os pais tiverem a mesma alergia.

IDADE E SEXO

Pode-se sofrer de alergias em qualquer idade, mas com picos de freqüência variáveis. A dermatite atópica (ver págs. 58-59) atinge sobretudo bebês e crianças de até três anos de idade. As polinoses (alergias ao pólen) geralmente começam aos sete ou oito anos. A asma é freqüente até os 14 anos, e as alergias alimentares são comuns até os seis anos.

Uma parte das crianças alérgicas se torna insensível ao alérgeno com o passar do tempo, enquanto outras permanecem alérgicas por toda a vida. Também é possível se tornar alérgico a peixe depois dos 60 anos. As pesquisas sobre pessoas alérgicas não evidenciam diferenças significativas entre homens e mulheres, mas apenas uma ligeira predominância entre os primeiros.

Estima-se que uma entre cada quatro ou cinco pessoas seja alérgica.

MODO DE VIDA

Teoria da higiene
Excesso de higiene pode desempenhar um papel importante no desenvolvimento de alergias, ao retardar o contato com diferentes alérgenos. O fato de o sistema imunológico ser menos solicitado hoje em dia, graças a modernos meios de se combater infecções (antibióticos, antissépticos, desinfetan-

tes etc.), explica por que o organismo das pessoas reage cada vez mais, produzindo mais alergias.

Tabagismo O tabaco é o poluente doméstico número um. A fumaça é um fator agravante e, muitas vezes, um desencadeador de alergias.

Os asmáticos sabem bem disso, pois não suportam permanecer em ambientes enfumaçados. As mulheres que fumam durante a gravidez expõem mais seus bebês a problemas respiratórios.

Alimentação Modificações dos hábitos alimentares são um fator importante para explicar o aumento da incidência de alergias. A alimentação das crianças pequenas, diversificada desde cedo, somada à adição de grande quantidade de ingredientes pouco saudáveis (conservantes, corantes, realçadores de sabor, estabilizantes de vários tipos etc.) aos alimentos naturais, muitas vezes causa problemas bastante graves. A globalização alimentar multiplica as oportunidades de as pessoas consumirem novos alergênicos, os quais as gerações passadas não chegaram a conhecer.

PSIQUE

Estados emocionais também influenciam as manifestações alérgicas. É evidente que o estresse da vida moderna contribui para o desenvolvimento de alergias.

O sistema nervoso produz ou regula a produção de substâncias (adrenalina ou cortisona, por exemplo) capazes de alterar as manifestações alérgicas, tanto no bom quanto no mau sentido.

Um dos efeitos do estresse prolongado é enfraquecer esses sistemas de regulação e, conseqüentemente, favorecer o surgimento de uma alergia potencial até então latente.

Fatores ambientais

POLUIÇÃO ATMOSFÉRICA

É provável que a natureza dos poluentes cause mais alergias do que a poluição isolada.

A influência da poluição atmosférica sobre o surgimento de alergias ainda não foi estabelecida. A poluição pode revelar, acentuar ou potencializar uma alergia respiratória, mas não provocá-la.

Pesquisas mostram que os pólens se tornam mais alergênicos quando em contato com o ar poluído das cidades industrializadas.

Eles se combinam com partículas de substâncias irritantes (solventes, produtos ricos em enxofre, metais, chumbo dos carburadores, alcatrão etc.) e de gases (ozônio, dióxido de nitrogênio), produzindo novas associações que causam reações ainda mais intensas. Isso ajuda a explicar o aumento da incidência da febre do feno.

HÁBITAT

O hábitat moderno, sobretudo urbano, é uma verdadeira fábrica de alergias: considera-se que, atualmente, a poluição das casas seja pelo menos igual, senão superior, à poluição exterior.

O aquecimento global favorece a reprodução de ácaros. Os materiais modernos também são menos duráveis, desfazem-se lentamente, liberando uma poeira que espalha vários alérgenos no ar.

Medidas de isolamento das casas, muitas vezes adotadas para combater a violência, favorecem a multiplicação de alguns alérgenos, como ácaros e baratas.

Produtos para artesanato e limpeza, por sua vez, concentram grande quantidade de alergênicos. Já as plantas domésticas, especialmente o fícus, são fontes de alergias em potencial, assim como os vegetais. Por fim, é preciso considerar os animais domésticos, com quem as pessoas cada vez mais compartilham suas vidas.

AMBIENTE PROFISSIONAL

O local de trabalho costuma expor as pessoas a uma grande quantidade de substâncias potencialmente alergênicas (ver págs. 43-44), as quais se encontram aí em condições geralmente favoráveis. Alergias respiratórias e cutâneas são as mais freqüentes nesses ambientes.

Apesar das precauções técnicas tomadas para evitar o contato (ventilação e limpeza das áreas de trabalho, além do uso de equipamentos de proteção), é praticamente impossível eliminar todos os riscos, pois quantidades pequenas de alérgenos podem provocar reações muito graves.

agir

④ Reconhecer os sintomas da alergia
⑤ Diagnóstico
⑥ Tratamentos

4

Reconhecer os sintomas da alergia

- Sintomas respiratórios
- Sintomas dermatológicos
- Outras manifestações

agir

Sintomas respiratórios

RINITE ALÉRGICA

A rinite pode se manifestar de modo permanente ou sazonal, de acordo com o tipo de alergia. Trata-se de uma reação inflamatória da mucosa nasal, aguda ou crônica, que se manifesta por:
- obstrução (nariz entupido) mais ou menos intensa, com escorrimento de líquido claro (coriza);
- espirros freqüentes, que causam incômodo;
- coceiras irritantes no nariz, olhos, garganta e palato.

Além disso, a rinite quase sempre é acompanhada por uma inflamação ocular (conjuntivite), fadiga, dor de cabeça, embora não cause febre.

Febre do feno É a mais comum das alergias respiratórias sazonais, apesar do nome popular. Esse tipo de rinite ou coriza espasmódica não causa febre, mas costuma ocorrer todo ano, na mesma época, devido à alergia das pessoas aos pólens das gramíneas.

O diagnóstico geralmente é fácil, mas o alérgeno responsável às vezes é difícil de ser identificado, por causa da diversidade de alérgenos e do aumento das polissensibilizações (sensibilização a vários alérgenos).

Essa afecção atinge sobretudo adolescentes e adultos jovens. Depois dos 40 anos, as sensibilizações se tornam menos freqüentes.

Rinites perenes No caso das rinites perenes, a estação pouco influencia no aparecimento de sintomas. A rinite é provocada por ácaros, pó e fâneros (pêlos, penas etc.) de animais domésticos.

ALERGIAS OCULARES: CONJUNTIVITE

A conjuntivite (inflamação da conjuntiva) é a forma mais freqüente de manifestação ocular da alergia. O olho fica vermelho e lacrimejante, coça e arde. A causa está nos alérgenos transportados pelo ar, como pólens ou descamação da pele de animais.
As pálpebras são atingidas com mais freqüência, pois varrem sem parar a superfície úmida do olho, onde os alérgenos aéreos se acumulam. A pele dessa parte do corpo, que é muito sensível, também reage facilmente.
Os produtos cosméticos, sobretudo sombras para os olhos, costumam provocar reações de intolerância do tipo eczematoso.

TOSSE SECA PERSISTENTE

Esse tipo de tosse indica uma inflamação crônica da mucosa que envolve o interior da traquéia, que também pode ser chamada de traqueíte espasmódica, uma forma menos grave de asma.

Geralmente seca (sem expectoração), ela se faz acompanhar de assobios no final de cada acesso. É uma tosse que ataca a pessoa à noite ou durante algum esforço físico ou, ainda, no frio.

Outra doença e causa freqüente de tosse seca noturna na criança é o refluxo gastroesofágico: para confirmar esse diagnóstico, o médico precisa antes diferenciar a origem dos dois sintomas, os quais às vezes associam-se.

> **SINTOMAS MUITO VARIADOS**
>
> As alergias apresentam sintomas bastante variáveis, pois a maioria dos órgãos pode ser atingida: olhos, nariz e vias respiratórias, pele e também aparelho digestivo ou sistema cardiovascular.
>
> As manifestações alérgicas são numerosas e, além disso, combinam-se entre si. Determinada alergia a um mesmo alérgeno pode, ainda, expressar-se de modo bem diferente de uma pessoa para outra.

ASMA

Essa afecção crônica é mais freqüente nos jovens: mais de 10% das crianças têm a doença, sendo os meninos mais atingidos do que as meninas.

A asma é uma inflamação crônica dos brônquios, que se manifesta por crises agudas de dispnéia (dificuldade de respirar), de duração variável. Durante uma crise de asma, a pessoa sente dificuldade para respirar e tem a impressão de sufocamento, marcada por assobios bem nítidos na expiração, enquanto a inspiração parece livre. A dificuldade de respirar é reversível e desaparece totalmente no final da crise. A asma se manifesta principalmente à noite.

Mecanismo   A asma aumenta cada vez mais nos países industrializados. Suas causas não são conhecidas, mas as alergias figuram entre os fatores desencadeantes mais freqüentes (95%). Nas crianças, as primeiras crises geralmente sucedem uma bronquite, que age como revelador ou como uma agressão, fragilizando os brônquios, tornando-os mais sensíveis.

No centro do mecanismo dessa doença, geralmente verifica-se uma hiper-reatividade, inflamação ou obstrução brônquicas. Essas anomalias são permanentes, mas imperceptíveis (salvo por meio de exames de exploração funcional respiratória) fora das crises, que se produzem quando os brônquios reagem de modo anormal aos estímulos externos.

Esses estímulos podem ser não-específicos, como frio, esforço físico, poluição atmosférica ou tabagismo. Podem também resultar do contato com um dos alérgenos perceptíveis através dos testes.

Na maior parte do tempo, trata-se de aeroalérgenos (alérgenos em suspensão no ar), como ácaros, pólens, descamação da pele de animal ou mofo. Os alérgenos alimentares que agem pela via sanguínea, e não pela via aérea, também podem ser causadores da asma.

ASMA: CAUSAS E FATORES DESENCADEANTES

Por muito tempo a asma foi considerada, equivocadamente, uma doença psicossomática. Se o estresse e a ansiedade podem, assim como a poluição, desencadear uma crise em um asmático, não podem provocar as anomalias permanentes que caracterizam essa doença, pois são apenas fatores desencadeantes e não causas da asma. A asma de esforço é uma das raras formas da doença em que há sempre um fator alérgico.

Sintomas dermatológicos

DERMATITE ATÓPICA

Essa forma de eczema, também chamada de eczema atópico, atinge a maioria dos bebês a partir dos três meses e também as crianças pequenas. É uma doença cada vez mais presente, de causas indefinidas.

Sintomas   Os sintomas são os mesmos do eczema. A inflamação da pele é acompanhada por placas vermelhas, vesículas inconstantes e crostas, e as lesões se modificam rapidamente devido ao ato de coçar.

A descamação (eliminação da camada córnea) é intensa e as lesões causam coceiras terríveis, que deixam a pele ressecada.

Nos bebês, as placas de eczema aparecem principalmente nas bochechas, testa e entorno da boca. Elas também podem atingir orelhas, braços e pernas.

Quando o bebê tem mais de dois anos, as placas costumam se concentrar especialmente nas dobras dos joelhos e cotovelos. Os acessos são favorecidos por infecções (rinofaringite, otite, angina) e, às vezes, por vacinas.

As lesões de dermatite atópica podem inflamar, sobretudo por causa do ato de coçar. A infecção bacteriana (estreptococo e estafilococo) se manifesta sob a forma clássica de um impetigo: vesículas cheias de líquido amarelado, que se transformam em crostas espessas e inflamadas; e também os gânglios incham e ficam sensíveis.

Superinfecção por vírus herpético é uma complicação grave, difícil de contornar.

Evolução   A doença evolui por meio de acessos intermitentes, entrecortados por períodos mais ou menos longos de alívio.

Depois dos três anos, as manifestações diminuem consideravelmente. A dermatite pode então desaparecer por completo, mas deixa em seu lugar asma ou rinite alérgica.

Nas formas persistentes, as lesões geralmente são mais discretas, mas também podem se manifestar de modo intenso, criando problemas psicológicos e de relacionamento. No adulto, a dermatite atópica severa é muito menos freqüente.

Fatores desencadeantes   A dermatite atópica pode ser provocada por fatores variados: de ordem física (fricção mecânica, maceração, roupas apertadas); de ordem psicológica (tensão familiar ou conjugal) e de ordem ambiental (abundância de ácaros, calor intenso).

A alimentação é sempre questionável. Um terço das crianças que sofrem de eczema atópico apresentam sintomas de intolerância a determinados alimentos. Mas, ao contrário do que se imagina, a intolerância ao leite não é responsável pela dermatite e a supressão desse alimento da dieta da criança não traz nenhum benefício.

ECZEMA DE CONTATO

O eczema é uma síndrome que revela mecanismos diversos e que se manifesta pela aparição de lesões avermelhadas, purulentas e pruriginosas (que coçam).

O eczema de contato representa de 10% a 15% dos casos gerais de eczema e é provocado pelo contato da pele com substâncias alérgênicas, que desencadeiam um mecanismo de hipersensibilidade do tipo tardio: uma sensibilização prévia é sempre necessária e a primeira manifestação de alergia ocorre em um intervalo variável, depois do contato inicial com o alérgeno.

Sintomas As lesões são as mesmas dos eczemas (placas vermelhas e purulentas na fase aguda ou inicial), mas se localizam exclusivamente nas zonas de contato com a substância causadora, o que permite orientar a busca do alérgeno.

No caso dos cosméticos, produtos de higiene ou de limpeza, o eczema atinge sobretudo o rosto, mãos e antebraços. Localizações específicas são observadas nas alergias ao níquel: entorno do pescoço, dos orifícios de brinco nas orelhas e de *piercings*, no pulso (relógio) ou na cintura (botão da calça).

Diagnóstico Procurar a causa do eczema é fundamental e deve se basear na anamnese e no exame clínico. É preciso reconstruir o uso e o tempo de utilização dos vários produtos em casa e no trabalho. Várias substâncias podem ser consideradas, entre elas:

- metais (cromo, níquel, cobalto);
- formaldeído, bálsamo-do-peru, pomadas e géis medicamentosos, anestésicos locais, cola dos curativos adesivos;
- perfumes (ver pág. 36) e outros cosméticos, entre eles cremes para mãos e rosto;
- parafenilenodiamina (utilizada em tinturas para cabelo ou roupa);
- látex das luvas, preservativos e bexigas enchidas com a boca.

O diagnóstico nem sempre é fácil. Porém, existem vários testes-padrão para detectar os alérgenos mais freqüentes. Também é possível testar os

AFAGO PERIGOSO

Paulo, 60 anos, consultou um médico por causa de um eczema no ombro direito. Ele já tentara usar várias pomadas, sem obter nenhum resultado, por isso decidiu fazer uma bateria de exames específicos. O médico solicitou vários testes de alergia. Nenhuma alergia a pó ou alimentos foi constatada. Paulo nunca tomara medicamentos nem usara perfumes nem desodorantes. Nada, enfim, orientava o diagnóstico para uma alergia, até que um dia Paulo retornou ao consultório com um teste positivo de 48 horas para a parafenilenodiamina, uma substância presente em tinturas de cabelo e roupas. Que relação esse exame poderia ter com o eczema no ombro de Paulo? Ele então contou que sua esposa sempre dormia com a cabeça encostada em seu ombro, exceto nos períodos em que o eczema aparecia. Ela tingira os cabelos há alguns anos, coincidentemente na mesma época em que Paulo passara a sofrer de eczema. Como essa história terminou? A esposa mudou de tintura e o eczema do marido desapareceu.

produtos trazidos pelos pacientes. Nesse caso, é importante conhecer a composição da substância em questão, e, se necessário, solicitar ao fabricante a composição do produto.

URTICÁRIA

A urticária é muito comum. Estima-se que 20% da população apresente pelo menos uma crise de urticária durante a vida.

Trata-se de uma síndrome (conjunto de sintomas) caracterizada pelo surgimento de lesões em forma de placas ou bolhas salientes, parecidas com pápulas, bem circunscritas, e que coçam muito.

Essas lesões cutâneas podem desaparecer de uma hora para outra e reaparecer em outras regiões do corpo horas depois. A urticária pode ser desencadeada por várias causas.

Múltiplas formas

Distinguem-se vários tipos de urticária, de acordo com a duração das manifestações.

- Urticária aguda, na maioria das vezes, retorna depois de algumas semanas.
- Urticária crônica dura mais de seis meses. Algumas pessoas podem apresentar lesões de urticária durante anos.
- Urticária reincidente ou recorrente se manifesta por crises sucessivas de duração bem variável, de algumas horas a alguns meses, que se espaçam por várias semanas ou meses, sem apresentar nenhum sintoma durante esse período.

Mecanismos Diferentes mecanismos podem agir em casos de urticária. Pode se tratar de uma reação de hipersensibilidade imediata, decorrente de produção excessiva de anticorpos do tipo IgE (ver págs. 14-15), mas outros mecanismos mais complexos também podem intervir, o que às vezes é impossível de identificar (infecção, parasitose, doença auto-imune etc.).

Fatores desencadeantes ● Medicamentos. Penicilina, ácido acetilsalicílico (aspirina), antiinflamatórios não-esteróides e codeína geralmente estão envolvidos. A maioria dos medicamentos ingeridos por via local ou oral podem ser a causa, inclusive o álcool farmacêutico, antissépticos iodados, cânfora, clorofórmio e pomadas antibióticas.

Quando se desconfia que um medicamento tenha provocado uma crise de urticária, é preciso interromper o uso imediatamente.

● Alimentos. Constituem causa freqüente de urticária, segundo um mecanismo de hipersensibilidade do tipo IgE.

Alguns alimentos são bem famosos por serem alergênicos, como ovo, leite, peixe e, sobretudo, amendoim, muito utilizado pela indústria alimentícia.

Além dos próprios alimentos, corantes (tartrazina, eritosina) e conservantes (salicilatos, benzoatos e sulfitos) geralmente são responsáveis por reações de intolerância. Diversos contaminantes (metais, mofo ou antibióticos), mesmo em doses bem baixas nos alimentos, podem causar alergias. Alguns componentes alimentares provocam respostas das células imunológicas e desencadeiam urticária.

Crustáceos, peixes, tomates, queijos e bebidas fermentadas contêm histaminas, que podem desencadear urticária. Do mesmo modo, alimentos ricos em tiramina (chocolate, queijos etc.) e alimentos liberadores de histamina (morangos, especialmente) podem provocar crises de urticária em pessoas sensíveis, quando são absorvidos em quantidade suficiente (ver pág. 31).

OUTRAS CAUSAS

A urticária pode ter outras causas além da alergia. A origem pode ser física: frio, calor, sol, pressão sobre a pele ou água podem desencadear urticária.

O dermografismo é uma forma particular de urticária de contato, que causa áreas de vermelhidão onde a pele é tocada. Ela pode ter causas mais raras, como infecções virais, parasitárias, microbianas ou micóticas. Enfim, doenças gerais, como tireoidite, doenças sanguíneas ou auto-imunes, também provocam manifestações de urticária.

Diagnóstico Diagnosticar a urticária é difícil. Para começar, paciente e médico devem realizar um verdadeiro inquérito. Na verdade, a reação cutânea pode ter sido provocada diretamente pela ingestão de um alimento, mas, na maioria das vezes, é causada por um conjunto de fatores. Em algumas pessoas, a absorção de um ou vários alimentos associada a circunstâncias particulares (esforço físico, por exemplo) podem ser o fator desencadeante.

A tarefa é ainda mais difícil caso se desconfie de fatores ainda mais escondidos, como pequenas quantidades de amendoim ou aditivos, que geralmente não são indicados nos rótulos de produtos artesanais ou naqueles comprados a granel. Portanto, no momento de uma crise de urticária, é essencial se lembrar e anotar tudo o que – nas 24 horas anteriores – foi passível de desencadeá-la: estresse, esforço físico, exposição ao sol, bebidas, alimentos etc.

Essa reconstituição minuciosa permite, com o tempo e comparações sucessivas, isolar um ou vários alimentos alergênicos e precisar as circunstâncias desencadeantes.

EDEMA DE QUINCKE

O edema de Quincke é uma forma profunda de urticária que se traduz pelo inchaço (edema) da pele e das mucosas do rosto e da garganta. Pode apresentar as mesmas causas da urticária, podendo se fazer acompanhar dela.

Sintomas O edema de Quincke atinge principalmente pálpebras e lábios, mas também língua e garganta. Ele se manifesta por um inchaço elástico, mais doloroso do que pruriginoso (coceiras são ausentes ou fracas).

Sintomas gerais como febre, arrepios, dores musculares e articulares geralmente estão associados.

Caso de emergência Quando o edema de Quincke se localiza na garganta, pode causar asfixia depois de alguns minutos ou horas da primeira manifestação, podendo se associar a um choque anafilático (ver págs. 66-67). Nesse caso, o tratamento deve ser de urgência.

Outras manifestações

CHOQUE ANAFILÁTICO

É a manifestação mais temida da alergia, pois causa insuficiências circulatória grave, além de dificuldades respiratórias.

Mecanismo

Ocorre devido a um mecanismo de hipersensibilidade imediata (tipo 1), desencadeado por uma substância com a qual a pessoa alérgica já tenha tido contato anterior.

A conseqüência é a liberação de diferentes substâncias na corrente sanguínea, entre elas a histamina, causando dilatação dos vasos sanguíneos e espasmo brônquico.

Substâncias envolvidas

As principais causas do choque anafilático são os venenos de insetos, alimentos, medicamentos e látex. Entre os alimentos, o amendoim e as frutas secas geralmente trazem problemas às crianças.

Exercícios físicos também podem ser responsáveis pela anafilaxia, geralmente quando associados à ingestão de determinado alimento.

Urgência

O choque anafilático é desencadeado minutos ou horas depois da exposição ao alérgeno. Ele se anuncia por uma sensação de mal-estar intenso, que se traduz por distúrbios circulatórios: palidez e transpiração, pulso muito acelerado e difícil de perceber, dificuldade respiratória, mãos frias e úmidas.

Diversos sintomas alérgicos, de intensidade variada, também podem estar associados: coceiras, urticária generalizada, edema de Quincke (ver pág. 65), espasmos da laringe e dos brônquios. A pressão arterial cai e a pessoa se sente muito agoniada.

Em caso de queda significativa da pressão arterial, há risco cardíaco envolvido, com perda de consciência e risco de morte em alguns minutos.

A hospitalização de emergência em um centro de reanimação é indispensável.

Alérgicos que vivem sob a ameaça de um choque anafilático – quando existiu episódio anterior de urticária aguda maior, de edema de Quincke ou de choque alérgico – devem ter sempre um kit de emergência disponível, prescrito pelo médico. Eles devem, assim como as pessoas com quem o alérgico convive, aprender a manuseá-lo para utilizar em caso de emergência.

ALERGIAS DIGESTIVAS OU ALIMENTARES

Essas formas de alergias são complicadas, pois podem causar manifestações de diferentes níveis, especialmente cutâneas, respiratórias e generalizadas.

● Sintomas. Os sinais aparecem rapidamente (nos minutos que se seguem à absorção do alimento) ou mais tarde (algumas horas depois da refeição). Pode se manifestar por meio de mal-estar, vômitos, diarréia, urticária ou edema (principalmente no rosto); a voz também pode apresentar rouquidão anormal. Essas manifestações podem ser graves, com distúrbios do ritmo cardíaco, asma, edema laríngeo ou choque anafilático.

A alergia digestiva também pode apresentar sintomas menos específicos e difíceis de serem relacionados a uma causa alérgica. Fadiga inexplicada, colites funcionais (cólon irritável), distúrbios intestinais, enxaquecas, glossites (inflamações da língua), aftas recorrentes também podem causar alergias ou intolerância alimentar.

- Diagnóstico. Geralmente é complexo. O médico deve procurar por alergias quando os sintomas do paciente não se relacionarem com nada muito aparente. É o caso da urticária, em que as reações podem ser a causa de associações particulares e de circunstâncias desencadeantes, geralmente difíceis de serem determinadas.

FADIGA E ALERGIAS

A fadiga é em geral acompanhada por sintomas de alergia, podendo se sobressair especialmente no caso de hipersensibilidade do tipo tardio (ver págs. 15-16).

Depois de um episódio agudo, algumas doenças infecciosas, como brucelose e candidíase, podem evoluir para um modo crônico de hipersensibilidade, com diversas manifestações dominadas por um estado de fadiga muitas vezes incapacitante.

> ## EVOLUÇÃO
>
> É impossível determinar com precisão a evolução das alergias. Elas geralmente começam na infância e se manifestam de maneiras diferentes ao longo da vida. A evolução depende em parte do equilíbrio global do corpo, do estilo de vida, hereditariedade, meio ambiente, todos fatores variáveis.
> Na verdade, é difícil determinar os elementos que, em um dado momento, podem explicar o desencadeamento de uma ou outra manifestação.
> Um acidente grave não será obrigatoriamente seguido de outro episódio ainda mais grave, pois as circunstâncias de desencadeamento provavelmente não serão as mesmas.

5

Diagnóstico

- Exame clínico e testes
- Avaliar a importância dos sintomas

Exame clínico e testes

ANAMNESE

Em alergologia, o diagnóstico é baseado em uma rede de argumentos na qual se localizam as informações de anamnese, isto é, o histórico de uma doença.

A consulta começa com uma verdadeira entrevista, cujo objetivo é precisar a natureza dos sintomas, as circunstâncias de surgimento e modo de evolução da alergia.

- Antecedentes. Pesquisar antecedentes pessoais e familiares é essencial. O risco alérgico é avaliado entre 20% e 40% quando um dos pais é alérgico, 40% e 60% se os dois forem alérgicos e 80% quando ambos são alérgicos à mesma substância. A hereditariedade materna tem papel mais importante: o risco é pelo menos duas vezes maior se a mãe apresentar alergias.
- Circunstância de surgimento dos sintomas. É um ponto-chave da anamnese, especialmente nas manifestações sazonais. O paciente descreve seu ambiente doméstico: moradia antiga ou recente; modo de condicionamento do ar (aquecedor, ar-condicionado etc.); presença de animais ou de outros alérgenos como baratas, mofo etc.; existência de tabagismo ativo ou passivo. Ele também deve precisar se os sintomas variam em função do clima ou do ambiente em que se encontra.

EXAME GERAL

O médico começa avaliando os sintomas gerais relacionados à alergia, especialmente a fadiga. Verifica também a ausência de distúrbios ou outros elementos associados que possam interferir na alergia, como doença auto-imune, déficit imunológico ou tratamentos à base de corticóides ou anti-histamínicos. Depois, examina mais particularmente os órgãos envolvidos, que podem ser vários (pele, brônquios, nariz, garganta, orelha, olhos, cólon etc.).

TESTES CUTÂNEOS

Testes de leitura imediata

Esses testes no Brasil são realizados somente por alergistas. Várias alergias podem ser testadas em uma mesma consulta: graças ao seu interrogatório, o médico se orienta em relação àquelas que lhe parecem mais prováveis.

O médico aplica uma gota de um extrato alérgeno sobre a pele (na altura do antebraço, geralmente), depois faz punturas através da gota com pequenas agulhas, de maneira que o alérgeno penetre alguns milímetros na epiderme. Esses testes, rápidos e praticamente indolores, podem ser praticados em qualquer idade, mesmo em crianças pequenas (com menos três anos). Nenhum medicamento antialérgico – anti-histamínico, especialmente – deve ser ingerido nos quatro dias precedentes ao teste ou até sete dias antes, principalmente no caso dos medicamentos cetotifeno e hidroxizina.

Quando um teste for positivo, uma pápula de urticária pruriginosa surge no local da puntura. Essa positividade traduz a presença anormal de anticorpos específicos a um alérgeno (imunoglobulinas E, ver págs. 14-15) em nível cutâneo.

Testes de leitura tardia
Esses testes servem para evidenciar uma alergia de contato. Amostras de substâncias que contêm alérgenos potenciais são depositadas sobre a pele (nas costas, geralmente), depois cobertas com um esparadrapo hipoalergênico. Desse modo, os alérgenos são mantidos em contato com a pele durante 48 ou 72 horas, e a leitura do resultado é feita depois desse período.

O teste é positivo em relação a uma dada substância quando, em contato com ele, a pele assume um aspecto particular: surge vermelhidão com reação vesicular mais ou menos marcada e associada a coceiras.

FALSO-POSITIVOS E FALSO-NEGATIVOS

Em alguns testes, as reações positivas podem traduzir uma sensibilidade real a um alérgeno que, contudo, não existe no ambiente do paciente. Por isso, para estabelecer um diagnóstico de alergia, é preciso que a positividade do teste esteja de acordo com a história pessoal do paciente. Inversamente, certos medicamentos não são alergênicos sob sua forma inicial, mas seus resíduos (metabólitos) são: essas substâncias causam alergias depois de passar pelo aparelho digestivo ou entrar na corrente sanguínea. Neste caso, o teste pode ser falsamente negativo, pois a alergia à substância existe.

Intradermor- Essa técnica consiste em injetar uma substância di-
reação retamente na derme, com uma agulha. É emprega-
da principalmente no teste de tuberculina para avaliar a imunidade à tuberculose.

Pouco útil no caso de alergias respiratórias, ela permite testar a sensibilidade aos venenos dos himenópteros (abelhas e vespas) e aos medicamentos.

EXAMES SANGUÍNEOS

- Testes inespecíficos. Permitem pesquisar sintomas de alergia, mas não determinam sua natureza. Revelam um aumento das imunoglobulinas E totais, o que evidencia hiperatividade, porém, de origem indeterminada.

O aumento dos glóbulos brancos eosinófilos não é um critério exclusivo da alergia, pois pode ocorrer em outras afecções inflamatórias ou parasitárias. Em um contexto de manifestações cutâneas ou digestivas, contudo, é uma boa indicação em favor da origem alérgica do distúrbio.

- Testes específicos. São mais instrutivos, pois permitem evidenciar as imunoglobulinas E (ver págs. 14-15) específicas de certos alérgenos. São solicitados conforme resultado dos testes cutâneos.

TESTES DE PROVOCAÇÃO

O objetivo desses testes é desencadear uma reação alérgica nos órgãos-alvo, seja a mucosa respiratória nasal, brônquica ou digestiva. Consistem em administrar com prudência (por inalação ou ingestão) o alérgeno suspeito, para estabelecer uma provável relação entre os sintomas observados.

Os testes apenas são realizados em condições máximas de segurança, no ambiente hospitalar e próximos a uma unidade de reanimação.

OUTRAS MEDIDAS

Afastamento do alérgeno

Outras medidas, como evitar um alérgeno suspeito, mas não comprovado, podem ser úteis ao diagnóstico. Assim, caso se constatar que um eczema melhora depois de o paciente suprimir ovos ou peixe da alimentação, o diagnóstico poderá ser facilitado.

É o mesmo princípio que leva em consideração a possibilidade de existir um alérgeno relacionado à profissão e os sintomas diminuem durante o fim de semana ou férias, ou, ainda, de um alérgeno respiratório doméstico, quando basta mudar de ambiente para os sintomas desaparecerem.

Prova terapêutica

Podem ajudar a descobrir a natureza alérgica de algumas manifestações clínicas pouco evidentes. Se um tratamento anti-histamínico seguido durante um mês melhorar a rinite, por exemplo, pode-se considerar uma origem alérgica. Os tratamentos anti-histamínicos são então considerados úteis nos diagnósticos.

Avaliar a importância dos sintomas

Alguns exames permitem ao médico calcular o grau de importância das manifestações observadas, orientar o tratamento e assegurar o acompanhamento do paciente.

PROVAS DE FUNÇÃO PULMONAR

Consistem em medir e registrar os diferentes volumes pulmonares (espirometria) e fluxos respiratórios do paciente (ver págs. 90-91).

Os resultados permitem precisar a natureza dos distúrbios: obstrução brônquica permanente ou modificada por um medicamento broncodilatador, restrição do volume pulmonar disponível etc.

No asmático, por exemplo, os volumes pulmonares são normais, mas os fluxos são diminuídos, mesmo fora de uma crise, e melhorados com a ingestão de um medicamento broncodilatador.

O exame determina, assim, o grau de comprometimento da função pulmonar e a reversibilidade dos distúrbios.

RADIOGRAFIAS

Radiografias ou tomografias permitem observar o grau de inflamação das mucosas que forram os seios da face. A radiografia dos pulmões pode indicar uma hiperinsuflação pulmonar, decorrente de asma evoluída.

ENDOSCOPIAS

Um exame endoscópico do nariz é útil para verificar a situação da mucosa nasal, ausência de pólipos (tumores geralmente benignos) e permeabilidade dos meatos dos seios da face.

OUTROS EXAMES

Endoscopias do estômago e do cólon podem ser feitas para eliminar a hipótese de uma doença de origem digestiva, além da alergia. As biópsias permitem controlar ou eliminar uma intolerância alimentar. Uma avaliação da permeabilidade intestinal também pode ser útil.

6

Tratamentos

- Medidas de controle ambiental
- Aliviar sintomas
- Tratamentos de base
- Qualidade de vida
- Acompanhamento médico
- Cuidados complementares

Medidas de controle ambiental

O primeiro passo para combater as alergias é tentar evitar o contato com os alérgenos, ou seja, as substâncias que as provocam. Nesse caso, é possível que os sintomas desapareçam ou se tornem ocasionais. Mas é bem difícil, às vezes impossível, evitá-los, sendo então necessário seguir um tratamento.

CAÇA AOS ÁCAROS

O controle do ambiente é primordial: é preciso retirar tapetes e estofados de tecido, limitar a quantidade de brinquedos de pelúcia no quarto da criança alérgica, escolher sofás e poltronas revestidos em couro em vez de tecido e eliminar os enfeites que retenham poeira.

Trocar a roupa de cama em tese é eficaz, mas o colchão voltará a ficar infestado de ácaros alguns meses depois. Produtos acaricidas podem ser utilizados. Depois da aplicação do produto, é necessário aspirar cuidadosamente todas as superfícies tratadas (colchão, travesseiros, tapetes e estofados). Esse tratamento deve ser renovado a cada três meses. Testes podem ser feitos para medir a taxa de infestação.

Capas de colchão em tecido antiácaro são atualmente a melhor medida de proteção. Em alguns casos, o uso delas é suficiente para corrigir totalmente as manifestações clínicas. O tratamento a vapor de estofados e tapetes também destrói os ácaros, mas não elimina totalmente suas partículas, especialmente seus dejetos, que são muito alergênicos. Se um membro da família for alérgico, é melhor suprimir os estofados em tecido, tapetes e cortinas. Lavar todos os tecidos e as pelúcias da casa a cada três meses também ajuda a limitar a proliferação dos ácaros. Também é preciso saber que esses pequenos parasitas adoram o calor e a umidade. Eles não podem sobreviver nem se reproduzir se a atmosfera estiver seca (umidade do ar inferior a 45%) e se a temperatura for inferior a 20°C.

Contudo, o controle do ambiente não deve se tornar uma obsessão, pois a eliminação dos ácaros é praticamente impossível. Essas medidas podem ser eficientes para certas pessoas, enquanto para outras não são suficientes para evitar tratamentos específicos.

QUANDO É PRECISO SE SEPARAR DOS ANIMAIS

Talvez seja indispensável, mas nem por isso essa questão é simples de resolver, pois afastar-se de um animal de estimação pode criar problemas afetivos graves, sobretudo nas crianças.

Também é preciso saber que a partida do animal não resolve instantaneamente a alergia. Gatos e cães espalham escamas e proteínas por toda a casa, fazendo com que os sintomas da alergia se façam sentir mesmo depois de algum tempo após sua partida.

Pela lógica, seria aconselhável que as pessoas alérgicas renunciassem de início a viver com animais aos quais são sensíveis.

MOFO

Muito presente nas casas, o mofo é difícil de eliminar. Os umidificadores não são bem-vindos, pois favorecem sua proliferação e, como no caso dos ácaros, é preciso reduzir a umidade e o calor do ambiente. Outras medidas também permitem diminuir a quantidade de mofo:
• pestar atenção às plantas, pois vasos e terra podem concentrar mofo;
• eliminar dejetos orgânicos, restos de alimentos e dejetos de animais, principalmente;
• consertar os vazamentos, ainda que mínimos;
• manter aquários bem limpos;
• cuidar da higienização dos sistemas de climatização, tanto domésticos quanto os do carro.

As pessoas alérgicas devem ser dispensadas da limpeza, especialmente de arrumar camas e passar aspirador.

OUTROS ALÉRGENOS

• Pólens. Não existe nenhum método para evitar pólens nas casas. Como são facilmente transportados pelo ar, em geral é inútil retirar as plantas alergênicas do jardim, se o vizinho continua a tê-las.

Nas moradias modernas, com sistemas de ventilação automáticos, o ar é permanentemente removido e os pólens expulsos, mas esse sistema, por outro lado, também facilita a sua entrada.

- Insetos. Erradicar baratas é uma ação que pode ser feita por empresas especializadas, mas é muito difícil evitar o contato com vespas e abelhas. Pode-se cuidar para não deixar que esses insetos se instalem no telhado, mas é impossível evitar o risco das ferroadas. Portanto, é indispensável ter um kit de pronto-socorro à mão (ver págs. 86-87).
- Alimentos. Algumas alergias (ovos, amendoim) necessitam de vigilância constante (ler os rótulos, prestar atenção no que se come em casa e fora). Deixar de comer amendoim pode ser simples, mas também é preciso ficar atento com os traços dessa semente em cereais matinais, chocolates e doces.
- Alérgenos relacionados à profissão. Talvez não exista outra solução a não ser mudar de profissão. Um cabeleireiro dificilmente poderá deixar de manusear xampus e tinturas capilares, assim como um pedreiro não poderá evitar o cimento, em caso de alergia.

Todas essas situações devem ser analisadas pela medicina do trabalho, na especificidade de doenças profissionais.

Aliviar os sintomas

As manifestações agudas da alergia são rinite, laringite, traqueíte espasmódica, asma, urticária e choque anafilático.

Os tratamentos devem ser adaptados a cada caso, em função dos sintomas apresentados. Uma reação anafilática obviamente tem maior nível de urgência do que crises de asma ou simples acessos de rinite, sendo que existem vários medicamentos que permitem alívio rápido.

PRINCÍPIOS GERAIS DO TRATAMENTO

Não é possível curar uma alergia, no sentido estrito. Mas é possível controlar os diferentes fatores em questão, combater os sintomas com medicamentos, às vezes neutralizar a alergia até determinado ponto com técnicas de dessensibilização. Mas quando se é alérgico, é preciso saber que a alergia permanece por toda a vida, mesmo que as manifestações cessem com o tempo, como no caso de algumas alergias alimentares ou de eczema atópico do bebê.

MANIFESTAÇÕES RESPIRATÓRIAS

Anti-histamínicos São os medicamentos antialérgicos por excelência. Como o nome indica, eles se opõem aos efeitos da histamina, fixando-se sobre seus receptores, especialmente nas paredes vasculares. Eles são eficazes contra rinite, conjuntivite e urticária. São prescritos em comprimidos, gotas para os olhos ou em spray para o nariz. Os anti-histamínicos não são medicamentos simples e devem ser ingeridos apenas com indicação médica, mesmo se alguns produtos forem vendidos sem receita. Os principais efeitos colaterais são sonolência, aumento do apetite e secura da boca.

Essas reações são causadas pelos medicamentos mais antigos. As moléculas atuais são mais bem toleradas pelo organismo e possuem uma ação mais longa, entre 12 e 24 horas, o que viabiliza a ingestão de uma ou duas doses por dia, em vez de três ou quatro, como antigamente.

Sua eficácia varia de uma pessoa para outra e pode ser necessário experimentar mais de uma para encontrar a dose ideal.

Broncodilatadores

Agem contra o espasmo brônquico da crise asmática. Podem ser ingeridos pela via oral (comprimidos), mas são mais prescritos em inalação, pois desse modo agem quase que imediatamente. Em uma crise muito grave, os broncodilatadores podem ser administrados sob a forma injetável.

Existem duas famílias principais de broncodilatadores.

● Simpaticomiméticos beta-2, que agem sobre os receptores brônquicos do sistema nervoso simpático. De duração curta ou longa, são mais eficazes e por isso mais prescritos. Nas crianças pequenas, ele é usado através da inalação, que garante uma difusão melhor da substância nos pulmões. Depois, os medicamentos passam a ser administrados sob a forma de spray para inalar;

- Teofilinas, muito utilizadas antigamente, permanecem úteis em caso de asma persistente ou intolerância a outros medicamentos. São vendidas em comprimidos, xaropes e supositórios.

Cortisona Os corticóides locais podem ser recomendados em caso de rinite e asma para reduzir o problema de fundo, ou seja, a inflamação das mucosas.

Eles agem sobre a reação alérgica e causam poucos efeitos colaterais. Devido à sua eficácia e relativa inocuidade, corticóides locais são o tratamento preventivo mais recomendado.

Os médicos prescrevem principalmente as gotas nasais (aplicadas pela manhã, elas formam um

EFEITOS DA CORTISONA

A ingestão oral de corticóides (comprimidos) pode gerar efeitos colaterais sérios em caso de utilização prolongada. Esses efeitos podem ser de natureza óssea, metabólica, gástrica, oftálmica ou endocrinológica. Por outro lado, tratamentos orais são geralmente bem tolerados desde que a duração seja curta (alguns dias). Em caso de tratamento prolongado, o médico deve encontrar outra solução ou utilizar tratamentos associados ao máximo, para evitar complicações.

Quando administrados localmente, principalmente em spray e menos em caso de gotas nos olhos, esses medicamentos quase não apresentam efeitos colaterais no plano geral, sendo pouco absorvidos pelo organismo. Localmente, eles podem às vezes causar distúrbios como o desenvolvimento de fungos do gênero *Candida albicans*, mas basta enxaguar a boca cuidadosamente para reduzir o risco.

gel que protege durante todo o dia), para as rinites, sprays e inaladores, para a asma.

Corticóides por via oral (comprimidos) ou sistêmica (injetáveis) não são mais prescritos hoje, a não ser em caso de reação muito grave ou como tratamento de urgência para uma reação anafilática (urticária generalizada ou edema de Quincke).

MANIFESTAÇÕES CUTÂNEAS

Crises de urticária e, principalmente, edema de Quincke são mais inquietantes, pois em vários casos suas causas são desconhecidas.

Em uma situação ideal, o alérgico deveria evitar o agente causal, mas como isso geralmente é impossível, é essencial dispor dos medicamentos para neutralizar as crises agudas.

Medicamentos Anti-histamínicos ocupam um lugar essencial no tratamento das crises de urticária, pois são muito eficazes. Eles podem ser associados aos corticóides injetáveis nas situações mais graves, especialmente em caso de edema de Quincke.

Em caso de doença associada, uma injeção de adrenalina é indispensável, pois é o medicamento por excelência para as reações anafiláticas graves e especialmente para o choque anafilático.

Kit de emergência As pessoas que correm o risco de acidente anafilático (alergia alimentar ou ao veneno de insetos, em particular) devem levar consigo um kit de emergência especial. Elas devem conhecer bem as reações às quais são suscetíveis e como tratá-las, daí o papel fundamental do médico responsável.

O kit de emergência deve conter:
- anti-histamínicos;
- corticóides;
- adrenalina em seringa auto-injetável ou com injetor automático.

O kit de socorro deve ser levado a todos os lugares pela pessoa alérgica, dentro de uma bolsa isotérmica, em caso de exposição ao calor.

CHOQUE ANAFILÁTICO

Uma pequena ferroada de vespa pode, assim como a ingestão de uma avelã, desencadear um choque anafilático, que comporta um risco vital imediato devido às manifestações cardíacas e vasculares, que podem desembocar em parada circulatória. A adrenalina é o medicamento para esse caso.

Adrenalina — Esse medicamento é apresentado em seringas prontas para o uso. Também existe injetor automático para pessoas que têm medo de aplicar injeções em si mesmas. A adrenalina não deve ser utilizada ao acaso, nem ser administrada em excesso. É uma substância poderosa, cuja utilização imprópria pode provocar sintomas desagradáveis, como dor de cabeça e aceleração do ritmo cardíaco. É preciso respeitar as indicações de uso, assim como acontece com os corticóides, seguindo as instruções do médico.

Atitudes de urgência

Diante de uma reação alérgica grave, é preciso:
• chamar rapidamente o socorro, através de números de emergência (Pronto-Socorro 192, Corpo de Bombeiros 193, Polícia Militar 190) e seguir as instruções de urgência que forem dadas ao telefone;
• não deixar a pessoa sozinha, mas sim instalá-la confortavelmente, com as pernas apoiadas para o alto;
• perguntar se ela é alérgica e se dispõe de medicamentos de urgência;
• esperar a chegada do socorro no local.

Observação médica

Melhoras rápidas não dispensam a visita ao médico ou ao hospital. Um exame de controle é sempre necessário e um período sob observação é indispensável, pois os efeitos dos medicamentos são limitados – depois de uma melhora passageira, é possível ocorrer um novo choque anafilático.

Tratamentos de base

Alergias não desaparecem espontaneamente, exceto em situações privilegiadas em que a causa é precisa e pode ser completamente eliminada do ambiente imediato. Mas, na maioria dos casos, é necessário recorrer a tratamentos prolongados.

Tratamentos de base utilizam os mesmos medicamentos empregados nas manifestações agudas (ver págs. 48-88), mas são ingeridos de modo regular, para prevenir crises agudas. O respeito ao tratamento nem sempre é eficaz, pois ingerir medicamentos todos os dias, durante anos, nem sempre é fácil. Assim, o tratamento deve ser adaptado a cada caso para se obter o melhor resultado possível.

NUNCA NEGLIGENCIAR O ACOMPANHAMENTO MÉDICO

Quando uma pessoa é alérgica, é fundamental consultar o médico regularmente para verificar se tudo está bem, em vez de se acostumar com o próprio estado alérgico e passar a se limitar como se isso fosse "normal", repetindo para si algo como "é assim mesmo". Agindo dessa maneira, pode ocorrer de o alérgico passar a sofrer de insuficiência respiratória, diminuição no paladar ou no olfato, distúrbios que depois serão mais difíceis – às vezes, impossíveis – de serem resolvidos. Essa atitude é pouco inteligente, uma vez que a medicina consegue hoje evitar, por exemplo, 95% das crises de asma.

MANIFESTAÇÕES RESPIRATÓRIAS

- Anti-histamínicos. São os mais recomendados em caso de rinite, traqueíte ou asma.
- Antileucotrienos. Essas moléculas, mais recentes, agem sobre a família particular dos mediadores implicados na asma. Esses medicamentos podem ser indicados como tratamento da asma leve e permanente.
- Corticóides. São medicamentos amplamente utilizados como tratamento de base, pois reduzem a inflamação das mucosas. Os corticóides de ação local (ver págs. 85-86) são particularmente eficazes e, em alguns casos, promovem a supressão de crises durante vários anos.
- Teofilinas. São utilizadas como broncodilatadores e antiinflamatórios.
- Cromonas. Essas moléculas bloqueiam a degranulação dos mastócitos (células do tecido conjuntivo), prevenindo a liberação de mediadores químicos da anafilaxia. Sua ação é bem mais modesta do que a dos corticóides: elas são quase sempre bem toleradas.

OBSERVAÇÃO E EXAMES

Acompanhamentos regulares permitem verificar a eficácia dos tratamentos. O médico examina o nariz do paciente para avaliar a permeabilidade, a presença de pólipos, a situação da mucosa, a permeabilidade dos meatos dos seios da face. O controle do paladar e do olfato é importante, pois a diminuição da percepção é um sinal indireto de atividade alérgica.

Radiografia ou ultra-sonografia são úteis para verificar o estado dos seios da face. Em caso de rinite, o edema da mucosa nasal pode obstruir os meatos dos seios da face, que não conseguem se esvaziar, provocando sinusite crônica. A avaliação funcional respiratória é um exame importante para o acompanhamento de asmáticos.

Em toda consulta, principalmente em caso de suspeita de crise asmática, o médico deve medir o pico de fluxo expiratório com a ajuda de um medidor portátil. O paciente sopra o mais rápido e forte possível e um cursor móvel indica o volume de ar expirado em um segundo. Um adulto saudável apresenta um pico de fluxo expiratório de 400 a 500 l/min (mulheres) e 500 a 600 l/min (homens).

Em caso de asma leve e persistente, o pico de fluxo expiratório fica entre 80% e 100% do valor de referência. Na asma persistente moderada, fica entre 60% e 80%. Na asma grave, inferior a 60%. Se a asma for instável, varia em mais de 30% entre a manhã e a noite. Em caso de crise aguda, o pico de fluxo expiratório despenca e não ultrapassa 120 ou 150 l/min.

MANIFESTAÇÕES CUTÂNEAS

Dermatite atópica e eczema

O tratamento tem três objetivos: diminuir a inflamação, aliviar o ressecamento da pele e impedir infecções sobrepostas.

- Diminuir a inflamação. Devem ser aplicados corticóides tópicos sob a forma de cremes de densidade e atividade variáveis.

- Combater o ressecamento da pele. A limpeza da pele deve seguir alguns cuidados básicos: evitar água quente demais (33°C de temperatura máxima), para assim limitar a dilatação dos vasos cutâneos; utilizar sabonetes hidratantes; enxaguar bem a pele e secar com toalha macia sem friccionar. A aplicação de produtos emolientes, que amaciam os tecidos inflamados, reduz a coceira.
- Impedir infecções sobrepostas. O ato de coçar, assim como a fragilização da barreira cutânea contra os micróbios, são as principais causas da infecções sobrepostas. O médico deve prescrever anti-sépticos e antiinflamatórios locais.

Esses medicamentos, aplicados diariamente, devem ser utilizados por algum tempo depois do desaparecimento dos sintomas, a fim de evitar recidivas. Uma nova consulta será necessária se o aspecto habitual do eczema mudar e, principalmente, estender-se. Toda pessoa alérgica deve saber o que pode desencadear crises (animais, pó, pólens, alimentos, fadiga), para limitar a incidência.

Urticária

A urticária se torna um problema quando reincide e se torna crônica. Considerada um verdadeiro "quebra-cabeça" para os médicos em termos de diagnóstico, além de ser um grande incômodo para os pacientes, essa afecção não é simples de tratar. Porém, é possível que os sintomas desapareçam de um dia para o outro, sem explicação. O médico pode prescrever anti-histamínicos. A cortisona é eficaz contra a urticária, mas a possibilidade de efeitos colaterais a longo prazo limita sua utilização em tratamentos de base. Outros medicamentos podem ser usados, como os imunossupressores, principalmente em crises graves. Cuidados locais para com a pele incluem a limpeza com sabão ácido ou água com vinagre e aplicações de leite adoçado.

ALERGIAS DIGESTIVAS (OU ALIMENTARES)

Importância do diagnóstico

O tratamento se baseia no afastamento de alimentos alérgicos. O diagnóstico é essencial para o tratamento. Os testes cutâneos ou sanguíneos evidenciam reatividade anormal a um alimento ou grupo alimentar. Graças às informações fornecidas pelo paciente e pelo exame clínico, o médico consegue estabelecer uma relação entre o alimento e as manifestações alérgicas.

Nesse tipo de alergia é mais fácil constatar as reações anormais no teste cutâneo ou encontrar anticorpos anormais no sangue, sem que a anomalia provoque sintomas. Os sintomas, na maioria das vezes, ocorrem em circunstâncias particulares, que o médico e o paciente devem observar. Deduções muito simplistas podem levar a restrições alimentares infundadas.

Afastamento de alimentos alérgenos

Começa-se eliminando os alérgenos que os testes indicam causar maior reatividade. O médico avalia os benefícios obtidos no final de um ou dois meses de afastamento total. Testes de reintrodução, praticados depois de vários meses ou anos sem sintomas, são decisivos: se os distúrbios continuarem, o afastamento deve ser definitivo.

Medicamentos As cromonas, também indicadas para tratar a asma, podem ser úteis para controlar os sintomas digestivos, pois bloqueiam de modo não específico as células envolvidas nas reações imunológicas ao nível da mucosa digestiva. Esses medicamentos são bem tolerados na maioria das vezes, pois não são absorvidos pela mucosa digestiva.

Os anti-histamínicos também podem ser prescritos em caso de alergia aos medicamentos.

IMUNOTERAPIA ESPECÍFICA

Hipossensibilização O termo "dessensibilização", geralmente empregado para designar esse tipo de tratamento, não é exatamente apropriado, pois a sensibilidade ao alérgeno não é totalmente suprimida. Na verdade, ocorre uma redução e o mais correto é considerar uma "hipossensibilização". A expressão utilizada no jargão médico é "imunoterapia específica".

Princípio A imunoterapia específica é o único tratamento de base disponível para tratar as doenças alérgicas. Consiste em administrar doses crescentes de uma suspensão do alérgeno, para assim obter maior tolerância do organismo em relação ao alérgeno em questão. É um tratamento longo e difícil, além de ineficaz se não for corretamente prescrito.

- Terapia de duração longa. Pode ser feita durante o ano todo ou por algumas semanas, antes do período de risco para os alérgicos a pólens. Para ter eficácia duradoura, deve ser conduzida por um período suficientemente longo, entre três ou cinco anos, de acordo com o caso. Não existem critérios para decidir pela sua interrupção diante de melhoras suficientes e estáveis dos sintomas.
- Identificação dos alérgenos. O tratamento deve ser o mais específico possível e limitado a alguns alérgenos, se possível a apenas um ou a uma família deles. Pode se tratar de ácaros ou pólens, por exemplo.

Os testes devem ter confirmado a identidade das substâncias causadoras e o médico deve estar convicto de que os alérgenos são responsáveis pelos sintomas apresentados pelo paciente.

Afastamento — Antes de começar a imunoterapia específica, as medidas de prevenção e afastamento devem ter sido realizadas da melhor forma possível. O paciente deve estar consciente das limitações que a terapia representa, principalmente em relação à regularidade, aos riscos e benefícios esperados.

Modos de administração — Existem diferentes técnicas de administração. Os tratamentos por via subcutânea (injetáveis) só podem ser realizados por um médico. Existem também tratamentos orais (quando o medicamento é colocado sob a língua), que o paciente pode administrar sozinho, desde que siga corretamente as indicações médicas. Em certas formas de alergia (veneno de insetos, principalmente) ou no caso de tratamentos de emergência (risco de vida em caso de uma nova ferroada), métodos rápidos podem ser propostos. A hospitalização se faz necessária, com duração variável, segundo o caso, de horas ou dias.

Indicações

A imunoterapia específica não é realizada em todo o tipo de alergia, mas apenas em alguns. Alergias a ácaros, pólens, descamação de animais e fungos apresentam resultados satisfatórios.

A alergia ao veneno de vespas e abelhas responde bem a esse tipo de tratamento, o que é uma ótima notícia, considerada a gravidade dessas ferroadas. De qualquer forma, pessoas que sofrem desse tipo de alergia devem ser bastante prudentes. Mesmo depois de um controle favorável por vários anos (cinco anos, no mínimo), sempre é recomendável carregar um kit de emergência para as situações de risco. Por outro lado, a imunoterapia específica não funciona nas alergias alimentares e químicas (a perfumes, conservantes e outras substâncias desse tipo). O leite pode ser reintroduzido aos poucos e com cuidado na alimentação das crianças.

Na criança, a imonuterapia específica não deve ser iniciada antes dos quatro ou cinco anos de idade, embora sua eficácia seja maior nos adultos. De qualquer forma, é preciso avaliar o impacto psicológico: a criança e os pais devem estar motivados para seguir um tratamento regular por alguns anos.

Contraindicações

São poucas. A ingestão de betabloqueadores (medicamentos prescritos em várias doenças, especialmente as cardíacas) é contra-indicada na imunoterapia específica, assim como em certos grupos de doenças: afecções malignas, distúrbios de imunidade, doenças cardiovasculares graves e instáveis.

A gravidez não é uma contra-indicação. Se tiver início durante o tratamento, este não precisa ser interrompido. Por outro lado, o médico não deve tomar a iniciativa de prescrevê-lo durante a gravidez.

A imunoterapia também não é indicada para pacientes idosos, pois os benefícios são menores do que os riscos envolvidos. Em caso de asma grave, precauções especiais devem ser tomadas (medicamentos contra choque anafilático ou crises mais graves de asma) e injeções não devem ser aplicadas em caso de obstrução grave constatada durante o pico de expiração (ver págs. 91-93) ou, ainda, em caso de sintomas mal controlados pelos tratamentos.

Efeitos colaterais
Reações locais às injeções costumam se limitar a irritações leves ou vermelhidão passageira. Reações gerais são mais raras, mas potencialmente mais graves.

Os tratamentos orais são mais bem tolerados, mas podem provocar reações leves, sob a forma de

PRECAUÇÕES

A prática da imunoterapia específica necessita de precauções tanto por parte do médico quanto do paciente. As injeções devem ser sempre realizadas pelos médicos em condições adequadas de higiene. Depois de cada injeção, o paciente deve permanecer por cerca de meia hora no consultório ou hospital, sob observação. Para tratamentos por via oral, o paciente deve respeitar a regularidade das doses. Toda reação anormal deve ser relatada ao médico.

coceira local e espirros. Nenhum tratamento deve ser seguido sem orientação médica e toda sensação anormal deve ser relatada ao médico. Ao contrário do que se imagina, a "dessensibilização" não favorece o surgimento de novas alergias, ao contrário: evita a aparição de novas sensibilizações.

Resultados A eficácia da imunoterapia depende da natureza e da importância dos sintomas, e também de outros fatores como a reação do sistema imunológico ao tratamento. O sucesso da imunoterapia específica é verificado pela redução dos sintomas. Mas outros elementos devem ser considerados, como diminuição da ingestão de medicamentos (principalmente no caso de alergia ao pólen), redução da abstenção escolar e da freqüência de hospitalizações.

CLIMATERAPIA

As estadias à beira-mar ou em regiões de grandes altitudes podem ser muito eficazes entre alguns alérgicos. Os ácaros, por exemplo, tornam-se raros acima de 1.500 m de altitude. Melhoras significativas podem ser obtidas em termos, em caso de afecções respiratórias e cutâneas.

Maior conhecimento sobre os mecanismos da alergia vem provocando redução das indicações de climaterapia, especialmente por longos períodos. Porém, ela continua útil principalmente para crianças pequenas, sobretudo se o ambiente habitual for desfavorável climática e socialmente para elas.

MEDICAMENTOS

Os medicamentos são um caso à parte na imunoterapia específica. O diagnóstico da alergia medicamentosa geralmente leva ao afastamento da molécula em questão, às vezes estendido a toda família do medicamento (penicilina e derivados, por exemplo). Porém, há casos em que não existe alternativas ao medicamento que provoca a alergia e, nesse caso, é preciso recorrer a procedimentos de reintrodução rápida, em doses crescentes. Em tese, todos os medicamentos podem ser objeto de tratamentos de indução de tolerância ou dessensibilização (aspirina, vacinas etc.), mas esse procedimento é praticado principalmente com antibióticos, (ver pág. 40) considerando a evolução paralela da resistência dos micróbios.

Princípio

A indução de tolerância rápida consiste em administrar doses crescentes de medicamentos em intervalos curtos, até se alcançar a dose terapêutica. O processo se desenvolve dentro de um período de algumas horas ou dias, de acordo com o caso e o nível de urgência. Os mecanismos de indução de tolerância são conhecidos desde a Antiguidade e chamados de "mitridatização", em referência ao rei grego Mitridato VI, que se habituava voluntariamente aos venenos para evitar sucumbir a eles.

Limite

Ao contrário da imunoterapia específica, a indução de tolerância rápida cria um estado de tolerância não duradouro e, portanto, não evita recidivas da alergia. A interrupção do tratamento regular é seguida do retorno imediato ao estado anterior.

Precauções

Esse tipo de tratamento apresenta riscos e, portanto, deve ser obrigatoriamente realizado sob orientação médica. Além disso, o paciente deve respeitar estritamente a posologia para a indução de tolerância rápida

Qualidade de vida

Estilos de vida são essenciais ao controle das alergias, assim como a prevenção e os diversos tratamentos.

No caso das alergias, a existência de condições favoráveis ou predisposição hereditária faz com que a pessoa tenda a reagir de modo instantâneo diante de alguns elementos do ambiente.

Nesse caso, é preciso evitar os fatores susceptíveis de acionar a sensibilidade particular. Isso não é sempre fácil, pois o mundo moderno é extremamente agressivo para com as pessoas alérgicas.

Mas está comprovado que, no caso de crianças com risco a alergias, medidas de proteção simples são eficazes. Boa qualidade de sono e vida regular atuam de modo muito positivo sobre o equilíbrio geral.

BEBÊS E CRIANÇAS PEQUENAS

Estudos comprovaram que o aleitamento materno (durante pelo menos três meses) protege contra as alergias, sobretudo no caso de bebês que apresentam predisposição hereditária (pais, irmãos e irmãs alérgicos). Para diversificar a alimentação, ideal é proceder de forma progressiva:

• Esperar a criança completar quatro meses para começar a diversificar a alimentação, propondo pequenas quantidades de purê de legumes (cenoura) e compotas, além da mamadeira.

- Não introduzir mais do que um novo alimento por semana ou quinzena, até a idade de um ano.
- Esperar a criança completar seis meses para oferecer carne e frutas cruas.
- Esperar a criança completar pelo menos oito meses para introduzir alimentos potencialmente alergênicos, como clara de ovo e leite de vaca (laticínios estão autorizados desde os seis meses). Em relação ao peixe, é melhor esperar um ano para oferecer à criança.
- Evitar amendoim até os três anos.
- Se um alimento não for bem tolerado, é preciso retirá-lo do cardápio da criança e reintroduzi-lo alguns meses depois, com prudência.
- Não oferecer alimentos novos durante episódios de diarréia, até os três anos de idade ou mais, pois o contato com a mucosa intestinal irritada multiplica o risco de alergia.

NA ESCOLA

A criança alérgica deve ser acolhida na escola com atenção especial. Os professores e profissionais devem estar a par da alergia do aluno e saber como agir em caso de sintomas agudos (administração de medicamentos de urgência, avisar os pais e pedir socorro). Os medicamentos essenciais devem estar disponíveis em um lugar seguro da escola e ao alcance de qualquer adulto.

O PAPEL DOS PROFESSORES E MÉDICOS

A presença de crianças alérgicas na escola precisa ser objeto de grande atenção dos professores, para que tudo ocorra bem e para que não haja troca de alimentos e guloseimas entre as crianças. A cooperação dos pais é fundamental, assim como o diálogo entre o médico da escola (se houver) e o médico responsável pela criança.

Cantina As escolas não podem garantir a ausência total de alérgenos nos alimentos servidos na cantina. Os pais devem então preparar refeições especiais, se o filho precisar almoçar na escola. A criança pode, porém, alimentar-se no colégio se o alérgeno for um alimento preciso, bem identificável e fácil de ser evitado como, por exemplo, carne de boi, peixe etc.

ATIVIDADE FÍSICA

Esportes também são essenciais na vida das crianças alérgicas, especialmente as asmáticas, que não devem pedir dispensa médica por causa da doença. Pelo contrário: o esporte deve fazer parte do tratamento da asma.

Por outro lado, algumas modalidades, como a corrida, podem ser desaconselhadas. Se a criança sofrer de rinite, ela não deve jogar futebol em um gramado em plena época de gramíneas.

Algumas regras devem ser seguidas:
- Exercitar-se com regularidade e sempre fazer aquecimento antes do esforço ou exercício.

- Saber ajustar o ritmo respiratório de acordo com o esforço.
- Levar em conta o clima (úmido, frio etc.), que facilita a ocorrência de crises.

Em alguns asmáticos, tanto crianças quanto adultos, o esforço físico pode desencadear crises alérgicas. A ingestão de medicamentos adequados (inalação de salbutamol antes ou durante o esforço físico) alivia o problema. Se ocorrer uma crise, é preciso parar o exercício, sem se assustar, e ingerir os medicamentos necessários.

EM CASA

- Tabagismo. É naturalmente desaconselhável fumar em casa, sobretudo quando esta é habitada por uma pessoa asmática. As crianças são particularmente vulneráveis ao tabagismo.
- Higiene e cuidados corporais. Pessoas com eczema devem ter cuidados específicos com a pele. Sempre que possível, devem evitar produtos irritantes como esfoliantes, que causam coceira e agravam o eczema. Não devem lavar as mãos demais, pois o sabonete retira a fina película de gordura que protege a pele contra o ressecamento. É recomendável utilizar sabonetes suaves, com pH neutro e cremes hidratantes. Usar ainda toalhas macias para secar a pele sem friccioná-la.
- Trabalhos manuais. É preciso usar luvas e máscaras (não de látex em caso de alergia) para manipular colas, tintas etc.

- Animais domésticos. É preciso pensar bem antes de adquirir um animal de estimação, se um membro da família for alérgico. Com gatos ou cachorros, toda a casa fica impregnada de alérgenos.

ESPORTE E ASMA

Ginástica, natação, ciclismo, futebol e outros esportes são sempre recomendáveis em caso de asma. Existem, inclusive, campeões olímpicos de natação que são asmáticos. É apenas questão de respeitar o organismo e aprender a dominar a doença.

FORA DE CASA

- Refeições fora de casa. Alergias alimentares são ainda mais inibidoras quando é preciso comer fora de casa. Para uma refeição na casa de amigos, o mais prudente é prevenir ou recusar um prato, explicando o motivo. No restaurante, é preciso escolher pratos simples ou seguros, pedindo informações detalhadas sobre os ingredientes. Cuidado especial deve ser tomado com os molhos que misturam ingredientes nem sempre identificáveis.
- Viagens. É preciso levar medicamentos necessários tanto para o tratamento de fundo quanto aqueles utilizados em caso de crises. Em relação aos alimentos, é melhor experimentar pratos novos com cautela e em pouca quantidade, para verificar a ausência de reação alérgica. Pessoas que apresentarem urticária solar devem usar creme com o fator de proteção solar máximo: FPS 60.

NO TRABALHO

Algumas profissões (ver págs. 43-44 e 82) expõem os profissionais a produtos de vários tipos, que podem ser manipulados ou inalados (pó de cimento, madeira e metal). A legislação evoluiu muito e alergias comprovadas como resultado de produtos utilizados no trabalho podem dar ao trabalhador o direito de obter licença médica para tratamento.

Relatórios de segurança devem ser emitido pelas empresas, de acordo com as recomendações do fabricante e do médico do trabalho. Pessoas que apresentarem predisposição a alergias podem pedir a formulação dos produtos que utilizam para evitar problemas.

> Pessoas que sofrem de alergia relacionada à profissão, mas que não podem se afastar ou mudar de carreira, devem ser orientadas pelo médico sobre como aliviar os sintomas.

Acompanhamento médico

Pessoas alérgicas tendem a permanecer em um estado "insatisfatório", mas com o qual acabam se acostumando, achando "normal". Uma criança asmática, por exemplo, pode dizer que respira bem, embora apresente limitações durante as atividades físicas. Algumas pessoas vivem parte do ano com o nariz entupido e acabam se acostumando com isso.

O acompanhamento médico regular é indispensável para controlar melhor a alergia e suas conseqüências, adequando tratamentos e prevenindo possíveis complicações, para evitar, assim, que o paciente se acomode com esse estado "insatisfatório".

ASMA

A evolução da doença é variável. A asma pode permanecer leve durante anos, sem que o paciente desenvolva insuficiência respiratória funcional. Mas pode também se agravar e provocar um déficit respiratório com obstrução brônquica irreversível.

As infecções brônquicas devem ser tratadas rapidamente para não aumentar o risco de evolução da asma para insuficiência respiratória.

RINITE

O médico deve acompanhar o possível surgimento da asma, às vezes depois de anos de evolução. Rinites graves podem influenciar a qualidade do sono e, consequentemente, as atividades pessoais e profissionais. Também é preciso controlar a qualidade do olfato e do paladar, e tratar eventuais pólipos e infecções secundárias.

DERMATITE ATÓPICA

O controle médico permite descobrir uma infecção secundária microbiana, que se traduz por sintomas indiretos, sob a forma de crostas inflamatórias e reações ganglionares.

Infecção secundária pelo vírus da herpes também pode ocorrer. Em qualquer idade, formas graves de dermatite atópica são possíveis, e também é preciso administrar coceiras, distúrbios do sono e conflitos familiares.

Além do acompanhamento do eczema, o médico deve orientar os pais quanto à aparência do bebê, a fim de que ajudem o filho a enfrentar eventuais provocações de outras crianças na escola.

URTICÁRIA CRÔNICA

Pacientes corticodependentes devem ter acompanhamento médico estrito para prevenir o surgimento de efeitos colaterais relacionados à ingestão prolongada de cortisona. De modo geral, o médico deve fazer de tudo para diminuir as doses e, depois, suprimir a cortisona.

PRECAUÇÕES EM RELAÇÃO ÀS VACINAS

Vacinas produzidas em ovos de galinha embrionados são contra-indicadas para pessoas alérgicas a ovos e também para crianças que sofrem de asma, mesmo que a doença não esteja relacionada à alergia a ovos.

A reação alérgica pode ser causada pelos próprios antígenos da vacina como também por excipientes dela ou conservantes, como o formaldeído. Por outro lado, modernas técnicas de fabricação de vacinas, a partir de fragmentos antigênicos, diminuíram muito o risco de reação alérgica.

Cuidados complementares

AJUDA PSICOLÓGICA

Muitas vezes é difícil conviver com a alergia e as conseqüências psicológicas podem ser significativas.

A dermatite atópica grave no adulto pode ser muito incômoda no cotidiano; a asma pode perturbar a vida familiar; a alergia a um alimento comum, como ovos, representa uma verdadeira restrição.

O estresse contribui para a ativação de várias doenças e tem papel importante na alergia. Contrariedades profissionais ou familiares podem desencadear ou piorar um eczema.

A ajuda psicológica pode ser benéfica em alguns casos para aprender a se conhecer melhor e agir diante da alergia.

Do mesmo modo, as técnicas de relaxamento podem ser muito úteis. Em todos os casos, é preciso aceitar a situação, administrar o estresse e não se deixar abalar pela alergia.

MEDICINA ALTERNATIVA

Homeopatas propõem tratamentos preventivos antes das estações polínicas. Tratamentos de base também podem ser realizados. A homeopatia funciona especialmente bem em relação às afecções cutâneas. Por enquanto, nenhum estudo permitiu a demonstração formal da eficácia dessa medicina, mas ela é largamente utilizada para aliviar alergias. A acupuntura também é utilizada para estimular o bem-estar geral ou diminuir as coceiras.

USAR O BOM SENSO

Alergias são doenças crônicas com as quais é preciso aprender a viver. O diagnóstico nem sempre é fácil e as técnicas de tratamento nem sempre atendem às expectativas dos pacientes. Por isso, muitos acabam procurando soluções alternativas, recorrendo a outros médicos e profissionais. Essa atitude é compreensível e positiva, desde que traga resultados satisfatórios. Contudo, não deve substituir o acompanhamento médico tradicional.

Tratamentos

FUTURO

Muita pesquisa tem sido feita para compreender as alergias e encontrar medicamentos e tratamentos mais eficazes.

Agir sobre o ambiente

Alergias são reatividades anormais do sistema imunológico diante de um meio exterior agressivo. As indústrias avançaram bastante em termos de "segurança alérgica" e trabalham para a eliminação de vários produtos considerados nefastos, tanto no aspecto alérgico quanto tóxico.

Pesquisa farmacêutica

Novas moléculas estão sendo estudadas. Os anti-histamínicos foram aperfeiçoados. As moléculas, antigamente moderadamente toleradas pelos pacientes, pois geralmente hipnóticas, hoje são mais ativas e apresentam menos efeitos colaterais. Um comprimido muitas vezes é suficiente para trazer um alívio significativo durante um dia. No caso da asma, os corticóides hoje são prescritos sob a forma de inalações e não mais por via sistêmica. Seus efeitos colaterais também foram radicalmente reduzidos. A pesquisa agora se esforça em deixá-los mais ativos. Novas moléculas estão sendo colocadas no mercado regularmente, como os antileucotrienos, que complementam a ação de outros medicamentos, em especial os anti-histamínicos.

Imunoterapia específica

As apresentações antigênicas são cada vez mais específicas a alérgenos precisos, e os tratamentos cada vez mais adequados. Estudos têm sido realizados para melhorar a eficiência do tratamento de fundo reduzindo os efeitos colaterais. Tratamentos por via oral têm a vantagem de serem mais bem tolerados e, principalmente, de poderem ser administrados em casa. Porém, não existe um medicamento milagroso que tudo resolva devido à complexidade dos mecanismos em questão e à multiplicidade de alérgenos que rodeiam as pessoas. Há, portanto, muito ainda a ser feito.

Dúvidas mais freqüentes

● O que é anafilaxia? **Ver págs. 14-15**

● O que é histamina? **Ver pág. 15**

● O que pode causar alergia? **Ver pág. 18**

● Que exames devem ser feitos em caso de alergia? **Ver págs. 72-75**

● O que é distúrbio respiratório funcional? **Ver págs. 83-85**

● Quando é preciso ingerir cortisona? **Ver págs. 85-86**

● Quais são os tratamentos de base da alergia? **Ver págs. 89-99**

● O que é dessensibilização? **Ver págs. 94-98**

● Como eliminar os ácaros? **Ver págs. 79-80**

● Como receber crianças na escola? **Ver págs. 101-102**

● Quais são as profissões de risco? **Ver págs. 43-44**

Verdades e mentiras sobre as alergias

Alergias decorrem da falta de defesa do organismo.
>**Falso.** É exatamente o contrário. Uma pessoa alérgica produz defesas demais, seja pela produção excessiva de anticorpos ou porque algumas de suas células reagem exageradamente a determinadas substâncias estranhas ao organismo.

A asma é sempre decorrente de uma alergia.
>**Falso.** Contudo, as alergias estão entre os principais fatores causadores de asma. Estima-se que 90% dos casos de asma contenham um fenômeno alérgico.

Existem famílias de pessoas alérgicas.
>**Verdadeiro.** Pessoas que possuem esse tipo de predisposição são chamadas "atópicas". O risco de ocorrer alergias em uma criança é maior quando os dois pais são alérgicos. Se apenas um deles for alérgico, o risco é de 30%, às vezes mais, quando a mãe for alérgica.

A alergia pode provocar fadiga
>**Verdadeiro.** Há casos em que a fadiga é o sintoma principal, como nas alergias do tipo tardio. Estudos demonstraram que uma grande porcentagem de pessoas com síndrome de fadiga crônica apresenta hipersensibilidade anormal diante de certos alérgenos do ambiente.

Estadias em lugares altos fazem bem para as pessoas alérgicas.
> **Verdadeiro.** Contudo, um paciente que sofre de asma persistente não deve permanecer em altitudes altas demais, pois o risco de hipoxia se eleva acima de 1.500 m.

Crianças com alergias alimentares não devem comer na escola.
> **Falso e Verdadeiro.** Uma criança alérgica a alimentos que podem ser mais facilmente evitados como o peixe, por exemplo, pode compartilhar a merenda com os amigos. Por outro lado, se a alergia envolver alimentos difíceis de evitar, como ovos ou farináceos, ela deve levar alimentos preparados em casa para a escola.

Glossário

Ácaro: artrópode de pequeno tamanho, de várias espécies, da família dos aracnídeos (aranhas).

Alérgeno: antígeno causador da alergia.

Alergia: reação excessiva do organismo a um alérgeno ao qual ele é sensível.

Anafilaxia: expressão mais grave da alergia, que acomete vários órgãos.

Anticorpo: substância sintetizada pelas células do sistema imunológico, capaz de se fixar especialmente em um alérgeno.

Antígeno: substância que pode provocar reações do sistema imunológico quando introduzida no organismo.

Anti-histamínico: medicamento opositor da ação da histamina. Vários medicamentos anti-histamínicos são utilizados no tratamento de alergias.

Asma: doença geralmente alérgica, caracterizada por acessos de crise respiratória devido aos espasmos dos brônquios.

Barata: inseto achatado e de hábitos noturnos.

Bronquite asmatiforme: bronquite sibilante do bebê.

Climaterapia: terapêutica que se utiliza do clima.

Coriza: rinite aguda. A coriza espasmódica ou febre do feno é caracterizada por crises de espirros, resultantes de uma reação alérgica aos pólens.

Dermatite atópica (ou dermite): nome genérico de algumas afecções da pele.

Eczema: afecção da pele caracterizada por vermelhidão, vesículas finas, descamação e coceiras.

Edema de Quincke: inchaço do tecido celular subcutâneo, geralmente relacionado a uma alergia.

Glúten: proteína presente em alguns cereais como aveia, trigo, cevada e centeio. A intolerância ao glúten é chamada de doença celíaca.

Gramíneas: família de plantas de flores minúsculas e frutas ricas em amido.

Herbáceas: grupo de "ervas daninhas", como a artemísia.

Histamina: molécula (amina) liberada por algumas células do sangue e dos tecidos durante as reações alérgicas.

Imunoglobulina: proteína do soro sanguíneo, com muitas variedades, entre elas a imunoglobulina E (IgE), que é secretada em reação aos alérgenos, provocando a liberação de histamina, substância responsável pelos sintomas alérgicos.

Imunoterapia: tratamento que consiste em reforçar, diminuir ou modificar o estado imunológico do organismo.

Linfócito: célula do sistema imunológico responsável pelas reações de defesa do organismo contra substâncias consideradas estranhas.

Mofo: fungos microscópicos que se desenvolvem especialmente em ambientes úmidos.

Mastócito: célula produtora de histaminas.

Pólens: pó fino, constituído por micrósporos contidos na antera das flores das angiospermas ou nos estróbilos masculinos das gimnospermas.

Polinose: manifestação de alergia ao pólen; febre do feno.

Rinite: inflamação da mucosa nasal que provoca obstrução, escorrimento e espirro. Existem rinites sazonais, que ocorrem todos os anos, na mesma época, e são causadas por pólens; e rinites perenes, que não são influenciadas pelas estações, sendo provocadas por ácaros e poeira ou por pêlos e penas de animais domésticos.

Sibilância: assobio causado pela obstrução dos brônquios durante uma crise asmática.

Teste cutâneo: técnica de diagnóstico para evidenciar os IgE específicos a determinados alérgenos e fixados sobre os mastócitos cutâneos.

Urticária: erupção de placas que se parecem com picadas de urtiga.

Índice

A

Ácaros 13-14, 17, 20-21, 35, 50-51, 55, 57, 59, 79-81, 95-96, 98, 112, 117

Aditivos 34-35, 64

Adrenalina 49, 86-87

Alérgenos 13, 18, 21, 25-26, 32-33, 35-36, 44, 47, 50-51, 54-55, 57, 61, 71, 73-74, 79, 81, 93, 95, 102, 104, 111, 113, 116-117, 119

Alergias no trabalho 37, 43, 51, 82, 105, 109

Alimentos, ver também Digestivas (alergias) 16-17, 20, 29, 30-35, 38, 48, 56, 59, 61- 66, 73, 81, 92-93, 101-102, 104, 114

Amendoim 32, 63-64, 66, 82

Anafilaxia 14, 66, 90, 120

Anestésicos 41, 61

Animais 16, 25-27, 51, 55, 71, 80-81, 92, 96, 117

Antibióticos 40, 47, 63, 99

Anti-histamínicos 72, 75, 84, 86-87, 90, 92, 94, 111, 115

Asma 13, 15, 17, 22, 29, 32-33, 36, 40, 43, 47-48, 55-59, 68, 76-77, 83-86, 89-91, 94, 97, 102-117

Aves 16, 26, 35

B

Broncodilatadores 76, 84, 90

C

Cachorros 25-27, 80, 104

Choque anafilático 28, 40, 65-68, 83, 86-88, 97

Climaterapia 98, 115

Coceiras 10, 17, 30, 33, 54, 58, 65, 67, 73, 92, 98, 103, 107, 110, 115

Conjuntivite 15, 17, 43, 54-55, 83

Coriza, ver Febre do feno 15, 17, 54, 115

Cortisona (corticóides) 49, 72, 85-87, 90, 92, 108, 111-112

Cosméticos 34, 36, 41, 44, 55, 60, 61

Cromonas 90, 94

Cutâneas (alergias) 17, 51, 62, 64, 67, 74, 86, 91-92, 95, 98, 110

D

Dermatite atópica 17, 47, 58-59, 91, 107, 109, 115

Dessensibilização (Indução de tolerância) 40, 83, 94, 98-99, 112

Digestivas (alergias) ver também Alimentos 17, 26, 30, 32, 35, 47, 67-68, 74-75, 77, 83, 86, 93-94, 96, 104, 114,

Diversificação alimentar 12

Doença celíaca, ver Glúten

E

Eczema 15, 17, 33, 36, 43, 55, 58-61, 75, 83, 91-92, 103, 107, 109, 115

Edema de Quincke 40, 65, 67, 86, 116

Estresse 48-49, 57, 65, 109

Exames 57, 60-61, 71-72, 74, 76-77, 88, 90-93, 112

F

Fadiga 16-17, 36, 54, 68, 72, 92, 113

Falsas alergias 30-31

Febre do feno 50, 54, 115-116

G

Gatos 10, 25-27, 35, 80, 104

Glúten 30-31, 116

H

Histamina 15-16, 30-31, 64-66, 83, 112, 115-116

Homeopatia 109

I

Imunoglobulinas E (IgE) 14-15, 63, 73-74, 116-117

Imunoterapia específica 94-99, 111, 116

Insetos 23, 25, 28-29, 66, 82, 86, 95, 115

L

Látex 35-38, 43, 61, 66, 103

Leite 30-33, 59, 63, 93, 96, 101

M

Medicamentos 16, 23, 34, 36, 39-40, 43, 61, 63, 66, 72-76, 83-104, 111, 115

Metais 44, 50, 61, 63, 105

Mofo 20, 22, 42, 57, 63, 71, 81, 116

O

Ovos 10, 26, 31, 33, 35, 63, 75, 82, 101

P

Pele, ver Cutâneas (alergias)

Poeira 10-11, 21, 26, 38, 50, 79, 117

Pólen 10-11, 13, 22-24, 35, 47, 50, 54-57, 81-82, 92, 95-96, 98, 115-117

Poluição 12, 50, 57

Produtos de contraste 41

Produtos de limpeza 36-37, 41-44, 51, 60

Provas de função pulmonar 76

Psique 48

R

Respiratórias (alergias) 10, 13-14, 17, 23, 29, 35-36, 38, 40, 48, 50-51, 54-57, 66-67, 75-76, 83, 89, 90-91, 98, 103, 106, 112, 115

Rinite 14-17, 22, 36, 43, 54-55, 59, 75, 83-86, 90-91, 102, 107, 115-117

T

Tabagismo 12, 48, 57, 71, 103

Teofilinas 85, 90

Testes 57, 61, 71-75, 79, 93, 95, 117

U

Urticária 15, 17, 30, 33-36, 40, 43, 62-68, 73, 83, 86, 92-93, 104, 107, 117

V

Vacinas 33, 37, 58, 99, 108

ALERGIAS
foi impresso em São Paulo/SP, pela Araguaia Ind. Gráfica e Editora Ltda.
para a Larousse do Brasil, em setembro de 2007.